Andreas Sirchich von Kis-Sira

Vive hodie!

Martials Epigramme.
Kopiervorlagen für die binnendifferenzierte Lektüre

Vandenhoeck & Ruprecht

Bibliografische Information der Deutschen Nationalbibliothek

Die Deutsche Nationalbibliothek verzeichnet diese Publikation in der Deutschen Nationalbibliografie; detaillierte bibliografische Daten sind im Internet über http://dnb.d-nb.de abrufbar.

ISBN 978-3-525-71108-8

Weitere Ausgaben und Online-Angebote sind erhältlich unter: www.v-r.de

© 2015, Vandenhoeck & Ruprecht GmbH & Co. KG, Theaterstraße 13, 37073 Göttingen/
Vandenhoeck & Ruprecht LLC, Bristol, CT, U.S.A.
www.v-r.de
Alle Rechte vorbehalten. Das Werk und seine Teile sind urheberrechtlich geschützt.
Jede Verwertung in anderen als den gesetzlich zugelassenen Fällen bedarf der
vorherigen schriftlichen Einwilligung des Verlages.
Printed in Germany.

Satz: SchwabScantechnik, Göttingen
Druck und Bindung: ⊕ Hubert & Co GmbH & Co. KG, Robert-Bosch-Breite 6, 37079 Göttingen

Gedruckt auf alterungsbeständigem Papier.

Inhalt

Vorwort 4
1. Mein Leben, wie es sein sollte 5
2. Ein paar Ideen für ein glückliche(re)s Leben 8
3. Glückliches Leben – ein weiser Rat 11
4. Morgen leben 14
5. Freies Leben 19
6. Macht Geld glücklich? 22
7. Das Leben der Anderen 26
8. Ware Freundschaft… 29
9. … und wahre Freundschaft 33
10. In die Stadt ziehen? 36
11. Berufswahl und Karriere 39
12. Cool bleiben! 41
13. Früher war alles besser!? 44
14. Benimm per Gesetz – eine gute Idee!? 47
15. Das echte Leben: Die Wirklichkeit zur Idee 50
16. Sexualität 52
17. Liebe 57
18. Leben und Tod 60
19. Das Epigramm – Das wahre Leben 66
20. Das Epigramm – Menschliches, Allzumenschliches 69
    Ein Abschlussprojekt 75
    Martial – Person und Werk 76
    Quellen 77

Vorwort

Vive hodie – so mahnt der Dichter Martial eindringlich. Die Lektüre lohnt sich, denn es geht um uns: Es kommt dem Autor darauf an, den Menschen bestimmte Muster aufzuzeigen, die es zu überdenken und zu durchbrechen gilt. Dabei redet er mitunter so deutlich Klartext, dass sich mehr als nur der eine oder andere Leser gemeint, getroffen und auf den Schlips getreten fühlen muss. Entsprechend vermeidet Martial es, echte Namen zu nennen, auch wenn Ähnlichkeiten mit lebenden oder verstorbenen Personen mit Sicherheit nicht rein zufällig sind und mit Sicherheit nichts frei erfunden ist. Entsprechend breit ist die Palette solcher Denkmuster und menschlicher Fehler, die Martial behandelt. Bei allem Spott und allem Witz liegt ihm aber auch viel daran, positive Denkmuster und Alternativen aufzuzeigen; seine Seitenhiebe weiten sich daher zu Betrachtungen des Menschlichen schlechthin.

Die Lektüre ist geleitet von Fragen, die die Lebenswelt moderner Jugendlicher aufwirft:
– Wie will ich leben?
– Wie kann ich glücklich werden?
– Was will ich später werden, wo leben?
– Freundschaft, Liebe, Sexualität
– Anerkennung und Beliebtheit
– Freiheit und Unabhängigkeit
– Erwachsen werden, erwachsen sein

Innerhalb dieser Leitlinien durch die Facetten von Martials Werk sind die Texte so gestaltet, dass sie binnendifferenziert Zugänge zum jeweiligen Aspekt liefern, entweder durch Abstufung desselben Textes (Niveau C als originalgetreuer, aber mit Hilfen ausgestatteter Text; Niveau B als zusätzlich durch verschiedene Methoden vereinfachter Text; Niveau A: Lückentext) oder durch Darbietung einander inhaltlich ergänzender, aber unterschiedlich anspruchsvoller Originaltexte. Bei jedem Text kann neu gewählt werden!

Fragen zum Text sind so gestellt, dass sie Aufschluss und ein erstes Verständnis ermöglichen und so einen für alle gleichen Standard sichern, um die Interpretation zu ermöglichen. Die Interpretation ist wiederum nach Quantität, Anspruch usw. differenziert und bietet so neben der Sicherung des Textverständnisses verschiedene Möglichkeiten der Textaneignung.

Der Bereich *Hic et Nunc!* setzt sich jeweils zum Ziel, den antiken Inhalt in die Moderne zu transponieren, entweder durch kreative Umwälzung oder durch Aktualisierung des Textes. Ein Sachtext beleuchtet abschließend Hintergründe, um den Text einordnen oder weiterdenken zu können.

Gerade bei der Aktualisierung tun sich enorme Chancen der Lektüre auf. Nicht nur Martials Kritik, sondern auch seine allgemeinen Betrachtungen zu Mensch und Welt dürfen weithin als zeitlos gelten. Martials unverstellter Blick auf den normalen Menschen eröffnet jungen Menschen in besonderer Weise einen nicht minder unverstellten Blick auf die eigene Lebenswirklichkeit. Gerade wenn man erwachsen wird und beginnt, im Ringen mit sich und der Welt Möglichkeiten des Selbstseins zu entdecken, zu erschaffen und zu entwickeln, darf Martials immer wieder anklingende Mahnung, jetzt und nicht erst morgen, tatsächlich und nicht in Traum und Fantasie zu leben, gern etwas lauter ertönen. Einmal vergangene Zeit ist zusammen mit den Möglichkeiten, die man gehabt hätte, für immer vertan.

Vive hodie – Lebe heute! Diese Mahnung durchzieht das Werk als roter Faden. Als Jugendlicher hat man noch so viel Leben vor sich, das zu leben sich bereits heute und jeden Tag aufs Neue lohnt.

1. Mein Leben, wie es sein sollte

ep. V,20   C

Si tecum mihi, care Martialis,	
securis liceat frui diebus,	securus: sicher, sorgenfrei
si disponere tempus otiosum	tempus otiosum: Freizeit
et verae pariter vacare vitae,	vacare + Dat.: Zeit haben für
nec nos atria nec domos potentum	
nec litis tetricas forumque triste	lis tetrica: hässlicher Streit
nossemus nec imagines superbas,	
sed gestatio, fabulae, libelli,	gestatio: Spaziergang
campus, porticus, umbra, Virgo, thermae:	Virgo: Virgo [eine Wasserleitung, die die Thermen versorgt]
Haec essent loca semper, hi labores.	
Nunc vivit necuter sibi bonosque	necuter: niemand
soles effugere atque abire sentit,	
qui nobis pereunt et inputantur.	inputare: anrechnen
Quisquam vivere cum sciat, moratur?	quisquam: irgendeiner

ep. V,20   B

Care Martialis:	
Si tecum mihi securis diebus frui liceat,	tecum: mit dir/frui + Abl.: genießen/securus: sorgenfrei
si tempus otiosum disponere et pariter verae vitae	
vacare [liceat],	
nec atria nec domos potentum nec litis tetricas	lis tetrica: hässlicher Streit
forumque triste nec imagines superbas nossemus,	
sed gestatio, fabulae, libelli, campus, porticus, umbra,	gestatio: Spaziergang/porticus: Säulenhalle [sozialer Treffpunkt]/Virgo:
Virgo, thermae:	Virgo [eine Wasserleitung, die die Thermen versorgt]
Haec semper loca, hi labores essent.	
Nunc vivit necuter sibi	necuter: niemand
et sentit	sentit: löst AcI aus
bonos soles effugere atque abire,	sol: hier: Tag
qui nobis pereunt et inputantur.	
Quisquam moratur,	quisquam: irgendeiner
cum vivere sciat?	

ep. V,2   A

Mein _____ Freund Martial! _____, mit dir

zusammen _____ zu genießen und _____ zu

verbringen und gleichzeitig für _____ Zeit zu haben, dann würden wir

weder die _____ noch die Häuser _____, hässlichen Streit,

das _____ und die überheblichen Bilder kennen, sondern nur noch

Spaziergang, _____, Virgo und Thermen. Das wären

_____ und Beschäftigungen. _____ keiner für sich selbst und bemerkt, dass

die guten Tage _____, die uns aber trotzdem verloren gehen und angerechnet

werden. Wer würde wohl zögern, wenn er es verstünde, zu _____?

Für alle:
1. Übersetze den Text.
2. Begründe den Modusgebrauch von *liceat, nossemus, essent* und *sciat*.
3. Belege eine Alliteration und beurteile deren Wirkung.
4. Stelle die Orte zusammen, die Martial meidet und die er bevorzugt.

Interpretation
Stufe A:
1. Arbeite heraus, wie sich Martial ein wahres Leben *(vera vita)* vorstellt.
2. Gliedere das Gedicht und begründe deine Einteilung.

Stufe B:
Bearbeite Stufe A und beurteile den Modusgebrauch *si liceat ... nec nossemus ... essent*.

Stufe C:
Bearbeite Stufe A und B; ziehe dann den Vergleichstext, die ersten Worte des Philosophen Seneca zum Thema *Glückliches Leben*, heran und setze ihn in Bezug zu Martial.

> **Seneca, de vita beata I,1**
> Leben, mein Bruder Gallio, wollen alle glücklich, aber zu erkennen, was denn eigentlich ein glückliches Leben ausmacht, sind sie zu dumm. Daher ist es auch nicht leicht, ein glückliches Leben zu erlangen, und umso weiter kommt man davon ab, je heftiger man danach trachtet, wenn man einmal vom rechten Weg abgekommen ist: Gerade die Schnelligkeit also führt in die entgegengesetzte Richtung. Man muss sich also als erstes klarmachen, nach was wir denn eigentlich [als glückliches Leben] streben.

Hic et Nunc!
Wähle eine der drei folgenden Aufgaben aus und bearbeite sie. Je ein Ergebnis zu jeder Aufgabe wird anschließend der ganzen Lerngruppe vorgestellt und diskutiert.
1. Was bedeutet es konkret, zu leben?
   a) Erstellt in der Gruppe einen Fragenkatalog und interviewt hierzu Menschen verschiedenen Alters, verschiedener Herkunft, …
   b) Sammelt Beispiele von Leuten, die ihrer oder eurer Meinung nach zu leben wissen, oder von Arten guten Lebens und erstellt dazu eine Text-Bild-Collage.
2. Verfasse eine Trialog zwischen Martial, Seneca und dir.
3. Beziehe die »Hintergründe« mit ein: Die Elegie verklärt ein fiktives einfaches Leben, um die raue Wirklichkeit anzuprangern. Kannst du Parallelen in der Gegenwart ziehen?

Hintergründe: Sehnsucht nach wahrem Leben

Die Umstände der späten Republik, die von Bürgerkrieg, Landenteignungen, politischer Unsicherheit, territorialer Expansion und Proletarisierung der Stadt Rom gezeichnet ist, spiegelt literarisch z. B. die Elegie, in der auch Elemente der Bukolik, d. h. der Hirtendichtung, auftauchen. Der griechische Autor Theokrit beschrieb in seinen Gedichten das idyllische Leben der Hirten, die ein einfaches, bescheidenes, zurückgezogenes und damit von allem Äußerlichen freies Leben in Eintracht und Harmonie mit der Natur führten. Angesichts der Wirren seiner Zeit und der zunehmenden Verunsicherung und Enttäuschung überträgt Vergil dieses Idyll auf seine Zeit und schildert in seinen Gedichten die Fiktion des Lebens von Hirten, die aktuell ein idyllisches Leben fern von Stadt, Krieg und Politik führen und doch durch Soldaten und Enteignungen hineingezogen werden. Die einfache Lebenswelt der »guten alten Zeit« erscheint als Kontrast zur dekadenten, machtgierigen und völlig aus den Fugen geratenen Welt der Gegenwart; die Sehnsucht nach der Wiederkehr des Goldenen Zeitalters scheint in der verklärten Idylle der Hirten erfüllt, die als Modell für das gute Leben aufgebaut wird.

Auch die Elegiker, darunter v. a. Tibull, nehmen in ihren Gedichten diesen Gedanken wieder auf und entwerfen eben keine Epen zu Heldentaten und Kriegen, sondern kehren sich desillusioniert und enttäuscht von der Realität ab. Sie beweist ihnen nur, dass es in Krieg und Bürgerkrieg niemals echte Gewinner, sondern nur Verlierer gibt. Sie entwerfen Kurzgedichte, die im geschützten Raum des Subjektiven, Intimen und der Staatsferne von Liebe und Frieden erzählen. Das Modell des römischen Soldaten karikiert Ovid in seinen Elegien zur *militia amoris,* dem Liebeskriegsdienst, in dem jeder Liebende um die Gunst der Geliebten kämpft *(militat omnis amans).* Das Wortspiel *bella* (Kriege) – *bella* (die Schöne) wird gängiger Topos, genauso wie die Übertragung anderer Begriffe aus dem Sachfeld »Krieg« und die Kritik an der römischen Lebensweise (z. B. Gier nach Reichtum, Karriere, Verherrlichung von *virtus,* die ja doch nur Elend bringt). Der Gegenentwurf erinnert an die römischen Urwerte Einfachheit, Bescheidenheit, Reinheit.

Natürlich darf nicht vergessen werden, dass Tibull, Ovid und die anderen Elegiker Stadtmenschen waren, die auf die Vorzüge der Stadt nicht verzichten wollten, die geschilderte verklärte *paupertas* bleibt also letztlich Fiktion. Gleichwohl zeigt sich, dass die Dichter einen klaren Blick auf die Gegenwart hatten, denn letztlich war der Untergang der Republik dem Umstand geschuldet, dass die Verfassung den Ansprüchen eines ständig wachsenden Weltreichs nicht mehr genügte, sich Macht auf einige wenige konzentrierte und die einzelnen Legionen zunehmend Klienten von Feldherrn wie Cäsar, Antonius oder Octavian wurden, für den sie ggf. sogar gegen das eigene Volk in den Krieg zogen. So brachte Octavian zwar den ersehnten Frieden, aber mit dem Prinzipat auch eine neue Form der Regierung, die allenfalls formell an die alte *res publica* erinnerte.

2. Ein paar Ideen für ein glückliche(re)s Leben

ep. X,47 ABC

Vitam quae faciant beatiorem,
iucundissime Martialis, haec sunt:
Res non parta labore, sed relicta;
non ingratus ager, focus perennis;
lis numquam, toga rara, mens quieta;
vires ingenuae, salubre corpus;
prudens simplicitas, pares amici;
convictus facilis, sine arte mensa;
nox non ebria, sed soluta curis;
non tristis torus, et tamen pudicus;
somnus, qui faciat breves tenebras:
Quod sis, esse velis nihilque malis;
summum nec metuas diem nec optes.

res: Vermögen/parere, io, peperi, partum: hervorbringen
focus: Herdfeuer/perennis, e: = aeternus, a, um
lis: Streit/toga: Toga, ›Nadelstreifenanzug‹ [offizielle Kleidung, zu Martials Zeiten nur noch zu offiziellen Anlässen angelegt]/ingenuus, a, um: stark/salubris, e: gesund/simplicitas: Einfachheit/par: gleichgesinnt
convictus: Zusammenkunft; Geselligkeit
ebrius, a, um: betrunken
torus: Ehebett/pudicus, a, um: anständig
somnus: Schlaf
malle: lieber wollen

Für alle:
1. Ordne die einzelnen Glücksgaranten den Oberbegriffen zu, indem du farblich markierst:
   rot: Lebensunterhalt – blau: Zwischenmenschliches – grün: Körper und Geist.
2. Gliedere das Gedicht.
3. Fasse zusammen, wie sich Martial ein glücklicheres Leben (*vita beatior,* v.1) vorstellt.
4. Begründe den Modusgebrauch bei *faciant, faciat, metuas* und *optes!*

Interpretation
Stufe A:
Vergleiche das Epigramm mit dem Gedicht von Dieter Leisegang. Überlege, warum Leisegang von »glücklich« und Martial von »glücklicher« *(beatior)*, nicht von »glücklich« *(beata)* spricht!

Dieter Leisegang: Glücklich und endlich	
Nachts auf dem Balkon sitzend	Aufgehoben zu sein
Die Füße überm Geländer	Ohne Mitte, ichlos, vorbei
Mit Zigarettenrauchen beschäftigt	Nur so dahinfließen
Dem Klingeln der Straßenbahn	Ein Ding unter Dingen
Und vor allem der Leuchtreklame	
des Reisebüros gegenüber –	
So eingebettet in lauter Erfahrungen	*in: Lauter letzte Worte. Gedichte und Miniaturen. Hg.*
ganz unaufdringlicher Art	*von Karl Corino, Suhrkamp, Frankfurt/Main 1980, 110*

Stufe B:
Bearbeite A, stütze aber deine Argumentation darauf, dass *beatior* hier prädikativ verwendet wird, und prüfe, inwiefern hier eine Ironie vorliegt, die den philosophischen Fachbegriff *vita beata* (glückseliges Leben), der eigentlich keine Steigerung zulässt, karikiert.

Stufe C:
1. Bearbeite B und überlege mögliche Gründe für die Steigerungsform.
2. Vergleiche mit ep. V,20 (Text 1) und überlege, ob sich auch der Begriff *vera vita* steigern ließe.
3. Ziehe folgende Verse aus einem Epigramm hinzu, um zu beurteilen, in welchem Rahmen sich Glück im Leben verwirklichen lässt. Martial verfasste es für einen von schwerer Krankheit wie durch ein Wunder genesenen Freund.

ep. VII,47,11–12	
Vive velut rapto fugitivaque gaudia carpe:	Lebe wie von Geraubtem und pflücke die flüchtigen
perdiderit nullum vita reversa diem.	Freuden! Das zurückgekehrte Leben soll nicht einen Tag [mehr] verlieren!

Hic et Nunc!
Wähle eine der drei folgenden Aufgaben aus und bearbeite sie. Je ein Ergebnis zu jeder Aufgabe wird anschließend der ganzen Lerngruppe vorgestellt und diskutiert.
1. Ergänze zu Martial/Leisegang eigene Glücksgaranten.
2. Verfasse einen ganz neuen, deinen eigenen Gegenentwurf.
3. Beziehe die »Hintergründe« mit ein: Verfasse einen Gegenentwurf aus der Sicht von Seneca, Aristoteles, Platon oder Epikur.

Hintergründe: *vita beata* – Glück als philosophisches Problem

Seneca leitet seine Betrachtungen zum glücklichen Leben damit ein, dass er die Diskrepanz konstatiert, dass zwar alle glücklich leben wollen, kaum einer aber weiß, was das Glück ist und wie man dazu kommt. Dabei erhebt die antike Philosophie generell den Anspruch, ein objektives, für alle bedingungslos gleiches Glücksziel ausmachen zu können, dass man »Eudämonie« nennt, wobei man sich, wie Seneca bemerkt, uneins ist, worin dieses besteht. Dieser Anspruch scheint in der Moderne verloren, in der jeder Mensch das Recht hat, nach seiner Fasson glücklich zu werden. Paradoxerweise ist gerade die Fülle der Möglichkeiten äquivalent zum Maß des Unglücklichseins, und es scheint, als sei gerade die reichste Gesellschaft die unglücklichste und unzufriedenste. Zu diesem Umstand noch einmal Seneca: »In diesem Sinne ist es schwer, das glückliche Leben zu erreichen, und umso schwerer, wenn man einmal vom rechten Weg abgekommen ist.« Insofern muss die Philosophie den Begriff des Glücks inhaltlich füllen und den Weg weisen. Der Weg ist dabei in der antiken Philosophie stets gleich: Alle Menschen handeln, weil sie etwas (zumindest für sie selbst) Gutes wollen. Äußere Glücksgüter wie Macht und Reichtum gehören sicher dazu, können aber nicht das höchste Gut sein, da sie immer um etwas noch Höheren willen erstrebt werden (Geld erhält seinen Wert erst durch das Ausgeben). Das höchste Gut muss also Selbstzweck sein, nach dem jeder strebt und der für alle letztgültig ist. Was das ist, dafür steht die Chiffre »Glück«, die unterschiedlich gefüllt wird.

Beginnt man die Suche nach dem Glück beim Menschen, stößt man bald auf die Vernunft, die für die Antike Glücksbedingung ist; niemand kann unbewusst oder zufällig glücklich sein. Nimmt man wieder Seneca, so ist Glück, gemäß der Vernunft zu leben. Sie zeigt einem das Gute, hält einen von Wünschen nach dem Falschen ab und lässt einen nichts mehr fürchten, gerade auch den Tod nicht. Die Vernunft beschert ein Leben in Einklang mit sich selbst und in völliger Unabhängigkeit von Äußerem und Affekten *(Apatheia)*. Damit geht Aristoteles weithin konform, der das Glück darin sieht, dass der Mensch sein Wesen erkennt und dadurch sein wahres Sein entfalten kann. Platon löst das Glück so sehr von allem Äußeren, dass er die Erlangung des Glücks ins Jenseits verlagert, wenn die Seele, losgelöst vom Körper, ihr wahres Wesen in der Erkenntnis des Guten entfalten kann. Ebenso hoch setzt er die Vernunft, so dass allenfalls die Weisen, die nicht von den Begierden beeinflusst sind, auf dem rechten Glücksweg sind, der darin besteht, sich dem Göttlichen als in sich ruhender Einheit anzunähern; Glück ist das harmonische Verhältnis der Seelenteile unter Führung der Vernunft. Aristoteles ist darin recht ähnlich, betont aber das *ergon*, d. h. das eigene Tun des Menschen als aktiven Beitrag, als Betätigung der Vernunft, zu seinem Glück. Ähnlich sieht die Stoa die Tugend als tätigen Ausdruck der Vernunft an. Epikur vertritt den Hedonismus, der sich in der Forderung nach *Ataraxia*, Seelenruhe, der Stoa annähert, aber die Lust als höchstes Gut betont. Lust besteht in der Freiheit von Schmerzen und Affekten und ist in der Zurückgezogenheit zu finden, während die Stoa gerade das Verwirklichen der Tugend in der Gesellschaft, also das Ermöglichen von Glücksgründen auch für andere, fordert.

3. Glückliches Leben – ein weiser Rat

ep. X,23   C

Iam numerat placido felix Antonius aevo
quindecies actas Primus Olympiadas.
Praeteritosque dies et tutos respicit annos
nec metuit Lethes iam propioris aquas.
Nulla recordanti lux est ingrata gravisque.
Nulla fuit, cuius non meminisse velit.
Ampliat aetatis spatium sibi vir bonus. Hoc est
vivere bis: vita posse priore frui.

aevum: Alter
quindecies Olympiadas: 75 Jahre

Lethe: Fluss in der Unterwelt (Lethes: Gen.!)/lux: hier: Tag
nulla: erg.: lux/meminisse: mit Genitiv!

ampliare: vergrößern/spatium: Zeitraum

ep. X,23   B

Antonius Primus, placido aevo felix,
iam quindecies actas Olympiadas numerat.
Praeteritosque dies et tutos annos respicit
nec metuit aquas iam propioris Lethes.
Recordanti nulla lux ingrata gravisque est.
Nulla [lux] fuit,
    cuius non meminisse velit.
Vir bonus spatium aetatis sibi ampliat.
Hoc est vivere bis: Vita priore frui posse.

aevum: Alter
quindecies Olympiadas: 75 Jahre/actas: PPP zu *agere*/praeteritus: vergangen/respicere: zurückschauen
iam propior: schon sehr nahe/Lethe: Fluss in der Unterwelt (Lethes: Gen.!)/recordari: sich vor Augen führen/lux: hier: Tag/meminisse: mit Genitiv!

ampliare: vergrößern/spatium: Zeitraum
bis: doppelt

ep. X,23   A

Antonius Primus, _____ wegen seines ruhigen _____, zählt schon 75 Jahre.
Er _____ auf _____ und _____,
und er _____ nicht die _____ des schon sehr nahen Unterweltflusses Lethe.
Wenn er sich sein Leben vor Augen führt, ist _____ Tag _____ oder trüb;
keinen _____, an den er sich nicht _____.
Ein _____ vergrößert sich die Dauer _____:
Folgendes heißt, zweimal _____: das _____
genießen _____.

Für alle:
1. Markiere im Text alle Adjektive und Partizipien und bestimme sie nach KNG! Markiere dann ihre Bezugswörter. Was fällt dir an der Stellung der Adjektive und Partizipien auf?
2. Fasse die Aussage des Gedichts in deinen eigenen Worten zusammen.
3. Belege am lateinischen Text, warum sich Antonius Primus nicht vor dem Tod fürchtet!

Interpretation
Stufe A:
Verfasse eine Todesanzeige für Antonius Primus.

Stufe B:
Verfasse einen Dialog zwischen Antonius Primus und seinem Enkel.

Stufe C:
bonus/a/um ist das ersatzweise Adjektiv zu *virtus,* das selbst kein Adjektiv ableiten kann. Begründe ausgehend von deiner Kenntnis römischer Werte, was einen *vir bonus* im römischen Sinne ausmacht, und vergleiche die Charakterisierung des Antonius Primus mit der des Idealrömers.

Hic et Nunc!
Wähle eine der drei folgenden Aufgaben aus und bearbeite sie. Je ein Ergebnis zu jeder Aufgabe wird anschließend der ganzen Lerngruppe vorgestellt und diskutiert.
1. Man kann das Leben in verschiedene Altersstufen einteilen, z. B. Kindheit, Erwachsenenzeit, Alter, diese aber auch weiter unterteilen (z. B. Säuglingsalter, Ü30, Ruhestand, ...). Versuche eine eigene Unterteilung. Stelle deine Kriterien zusammen (z. B. Alter, Reife, ...) und benenne Probleme der Einteilung und Konfliktfelder bei der Umsetzung. Nenne für jedes Alter Rechte und Pflichten.
2. Untersuche für unsere Gesellschaft: Welchen Stellenwert haben Jugend und Alter? Ist es erstrebenswert, *forever young* zu sein? Kann man von Glück erst im Alter sprechen, weil man »den Tag nicht vor dem Abend loben« soll?
3. Beziehe die »Hintergründe« mit ein und werte das Schaubild aus. Überprüfe, wie sich der Altersaufbau in der römischen und der heutigen deutschen Gesellschaft unterscheidet.

Hintergründe: Altersstufen

»Dafür bist du noch zu klein!« – »Ich bin doch kein Kind mehr!« – »Jetzt sei nicht kindisch, das dürfen nur Erwachsene!« Solche Phrasen kennt jeder. »Die Großen« wissen es immer besser, können »die heutige Jugend« nicht verstehen usw. Die verschiedenen Altersstufen beruhen auf verschiedenen Kategorien physischer oder psychischer Natur; sie helfen zu benennen, was jeweils zumutbar ist bzw. erwartet werden darf, d. h. Rechte und Pflichten. Nach deutschem Gesetz ist Kind, wer das 14. Lebensjahr noch nicht vollendet hat, erwachsen, wer das 18. Lebensjahr erreicht hat. Mit zunehmendem Alter nehmen die Rechte (z. B. im Jugendschutz, Wahlrecht, Geschäftsfähigkeit), aber auch die Pflichten (Schulpflicht, Strafmündigkeit usw.) zu.

Dabei kommt es immer wieder zu Konflikten, da nicht alle Menschen gleich sind und eine so strikte Einteilung insofern immer willkürlich ist und an die gesellschaftliche Entwicklung gebunden bleibt; so war man früher erst mit 21 Jahren volljährig, heute darf man in einigen Bundesländern mit 16 Jahren schon wählen. Auch das Alter für den Führerschein oder für Alkohol-/Tabakkonsum variiert zwischen 16 und 21 Jahren. Eindeutig wird nie bestimmbar sein, wie lange man »Kind« oder ab wann man »alt« ist; ein Trend zu verstärkter Jugendlichkeit ist ebenso erkennbar wie die immer höher werdende Lebenserwartung.

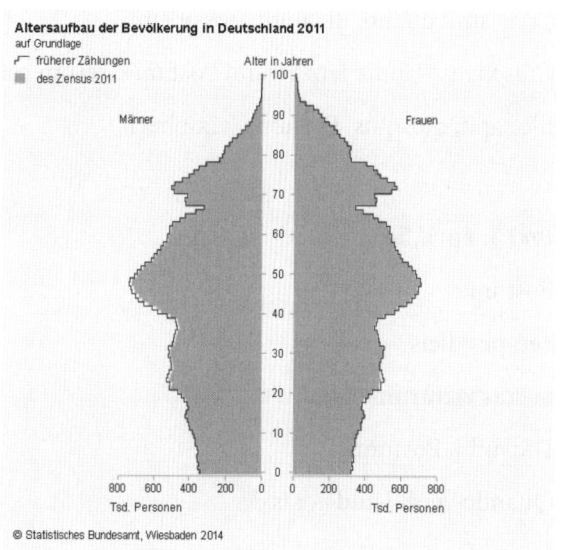

Auch das alte Rom kannte verschiedene Altersstufen; gängig ist die Einteilung in *infans – puer – adulescens – iuvenis – senior – senex*. Da die Einteilungen variieren, ist eine Zuordnung zum Lebensalter entsprechend schwierig; vereinfacht ist man *puer* bis zum 15. Lebensjahr, *senior* ab dem 45. Lebensjahr.

Dass die Phase des Alters relativ früh beginnt, mag dem Umstand geschuldet sein, dass die Lebenserwartung deutlich geringer war als heute und sich alte Menschen letztlich nur in der Oberschicht finden. Der medizinische Standard, die hohe Säuglingssterblichkeit und das hohe Geburtenrisiko, Kriege usw. lassen die mittlere Lebenserwartung sinken und auch stark von der sozialen Stellung abhängen; bei Sklaven war die Lebenserwartung am niedrigsten. Eine genaue Berechnung bzw. Statistik lässt sich aufgrund fehlenden bzw. historisch nicht haltbaren Zahlenmaterials nicht erstellen. Einige Zahlen können aber Aufschluss liefern, dass das Hauptaugenmerk auf der *iuventus* lag: Mädchen waren mit zwölf Jahren heiratsfähig, für die Ämter im *cursus honorum* lagen die Mindestalter zwischen 30 und 43 Jahren, die Wehrpflicht dauerte vom 17. bis zum 46. Lebensjahr. Das Militär war letztlich die einzige Instanz, die eine Altersversorgung bot; ansonsten war man im Alter auf die Familie, Patrone oder Erwerbsarbeit angewiesen, eine Rentenversicherung oder vergleichbare Sozialleistungen existierten nicht. Gleichwohl genossen »Alte« vor allem in der gebildeten Oberschicht der auf die Tradition und die Vorfahren *(maiores)* stolzen römischen Gesellschaft hohes Ansehen.

4. Morgen leben

Text 1: ep. V,58   C

Cras te victurum, cras dicis, Postume, semper.	cras: morgen
Dic mihi, cras istud, Postume, quando venit?	Postumus: [Eigenname]
Quam longe cras istud, ubi est? aut unde petendum?	
Numquid apud Parthos Armeniosque latet?	numquid: doch wohl nicht?
Iam cras istud habet Priami vel Nestoris annos.	
Cras istud quanti, dic mihi, possit emi?	emere + Gen.: zu einem Preis kaufen
Cras vives? Hodie iam vivere, Postume, serum est:	serum: (zu) spät
Ille sapit, quisquis, Postume, vixit heri.	heri: gestern

Text 1: ep. V,58   B

Postume:	Postumus: [Eigenname]
Semper dicis	
te cras victurum esse.	victurum esse: Inf.Fut. zu *vivere*
Dic mihi, Postume:	dic: Imp.Sg. zu *dicere*
Quando venit istud »cras«?	cras: morgen
Quam longe [est] istud »cras«,	
Ubi est?	
Aut unde petendum [est]?	
Numquid apud Parthos Armeniosque latet?	
Istud »cras« iam habet Priami vel Nestoris annos.	
Dic mihi:	
Quanti possit emi istud »cras«?	quanti possit emi: zu welchem Preis könnte gekauft werden?
Cras vives?	
Hodie vivere, Postume, iam serum est:	
Ille sapit, Postume,	sapere: weise sein/quisquis: wer (auch immer)
quisquis heri vixit.	heri: gestern

Text 1: ep. V,58 A

Postumus: _____, dass du _____ leben wirst.
_____ mir, Postumus: Wann _____ dieses »Morgen«? Wie lange ist dieses »Morgen«? _____? oder woher zu nehmen? Versteckt es sich etwa bei den Parthern und Armeniern? Dieses »Morgen« hat schon die Jahre eines Priamus oder Nestor. Sag mir: Was kostet dieses »Morgen«? _____, Postumus, _____ zu spät: Jener ist weise, der _____.

Für alle:
1. Erstelle ausgehend vom Text eine Sammlung von Temporaladverbien sowie Fragewörtern.
2. Im Text wiederholen sich mehrere Wörter. Gehe von Stufe C aus: Suche die sich wiederholenden Wörter, zähle sie und entwirf eine Interpretationshypothese.
3. Informiere dich über die Anspielungen *apud Parthos Armeniosque* und *Priami vel Nestoris annos*; erkläre ihre Funktion. Kennst du vergleichbare deutsche Ausdrücke?
4. *Postumus* ist ein klingender Name. Erkläre seine Bedeutung und setze sie in Bezug zu deiner Interpretationshypothese.

Text 2: ep. II,53 C

Vis fieri liber? Mentiris, Maxime: Non vis.	fieri: werden/mentiri: lügen
Sed fieri si vis, hac ratione potes:	hac ratione: folgendermaßen
Liber eris, cenare foris si, Maxime, nolis,	foris: außer Haus
Veintana tuam si domat uva sitim,	Veientana uva: »Tetrapackwein«
si ridere potes miseri chrysendeta Cinnae,	chrysendeta: mit Gold eingelegte Gefäße
contentus nostra si potes esse toga,	
si plebeia Venus gemino tibi vincitur asse,	plebeia Venus: Prostituierte vom Straßenstrich/geminus as: »Groschen« [Ein Doppelas war der gängige Preis für einen Bordellbesuch]/vis: (körperliche) Kraft/mens, mentis: Geist
si tua non rectus tecta subire potes.	
Haec tibi si vis est, si mentis tanta potestas,	
liberior Partho vivere rege potes.	

Text 2: ep. II,53   B

Vis fieri liber?   fieri: werden/mentiri: lügen

Mentiris, Maxime:

Non vis.

   Sed si [liber] fieri vis,

hac ratione potes: hac ratione: folgendermaßen

Liber eris, Maxime,

    si cenare foris nolis,   foris: außer Haus

    si Veintana uva tuam sitim domat,   Veientana uva: »Tetrapackwein«/domare: hier: stillen

    si chrysendeta miseri Cinnae ridere potes,   chrysendeta: mit Gold eingelegte Gefäße

    si nostra toga contentus esse potes,

    si plebeia Venus gemino asse tibi vincitur,   plebeia Venus: Prostituierte vom Straßenstrich/geminus as:

    si tua tecta non rectus subire potes.   »Groschen« [Ein Doppelass war gängiger Preis für einen Bordell-

   Si tibi haec vis est,   besuch]/tibi vincitur: von dir zufrieden ist/tecta: Wohnung/

   si [tibi] tanta potestas mentis [est],   rectus: aufrecht stehend/vis: (körperliche) Kraft/mens, mentis: Geist

liberior Partho rege vivere potes.

Text 2: ep. II,53   A

Du willst frei werden? _____, Maximus: _____. Wenn du es aber

doch _____, kannst du es folgendermaßen schaffen:

_____, Maximus, wenn du _____ essen gehen _____, wenn ein einfacher

Wein _____, wenn du über die goldenen Gefäße des _____

Cinna _____ kannst, wenn du mit unserer Toga _____ kannst, wenn

sich eine Straßenprostituierte für dich mit ein paar Pfennig zufrieden gibt, wenn du dein Haus nicht aufrecht

stehend _____ kannst. Wenn du _____ besitzt, wenn du

solche _____ besitzt, _____ du freier als ein

Partherkönig _____.

Für alle:
1. Bestimme die semantische Funktion der Ablative.
2. Erkläre das Wortspiel *(si/non) vis* = du willst und *vis* = Kraft.
3. Im Text wiederholen sich mehrere Wörter. Gehe von Stufe C aus: Suche die sich wiederholenden Wörter, zähle diese und entwirf eine Interpretationshypothese.
4. Informiere dich über die Anspielung *liberior Partho rege*; erkläre diese und ihre Funktion. Kennst du einen vergleichbaren deutschen Ausdruck?
5. *Maximus* ist ein klingender Name. Erkläre seine Bedeutung und setze sie in Bezug zu deiner Interpretationshypothese.

Interpretation
Zu V,58
Stufe A:
Ziehe für die Überprüfung deiner Hypothese den Text des Philosophen Seneca heran.

Seneca, ad Quintum fratrem 21,12	
Quod me in eadem epistula sicut saepe antea cohortaris ad ambitionem et ad laborem, faciam equidem, sed quando vivemus?	Nachdem du mich in ein und demselben Brief wie so oft zu Ehrgeiz und Arbeit aufforderst, werde ich es halt machen, aber wann bitte werden wir leben?

Stufe B:
Ziehe für die Überprüfung deiner Hypothese folgenden biblischen Vergleichstext heran.

Koh 3,1–13

Ein jegliches hat seine Zeit, und alles Vorhaben unter dem Himmel hat seine Stunde: geboren werden hat seine Zeit, sterben hat seine Zeit; pflanzen hat seine Zeit, ausreißen, was gepflanzt ist, hat seine Zeit; töten hat seine Zeit, heilen hat seine Zeit; abbrechen hat seine Zeit, bauen hat seine Zeit; weinen hat seine Zeit, lachen hat seine Zeit; klagen hat seine Zeit, tanzen hat seine Zeit; Steine wegwerfen hat seine Zeit, Steine sammeln hat seine Zeit, herzen hat seine Zeit, aufhören zu herzen hat seine Zeit; suchen hat seine Zeit, verlieren hat seine Zeit; behalten hat seine Zeit, wegwerfen hat seine Zeit; zerreißen hat seine Zeit, zunähen hat seine Zeit, schweigen hat seine Zeit, reden hat seine Zeit; lieben hat seine Zeit, hassen hat seine Zeit; Streit hat seine Zeit, Friede hat seine Zeit.

Man mühe sich ab, wie man will, so hat man keinen Gewinn davon. Ich sah die Arbeit, die Gott den Menschen gegeben hat, dass sie sich damit plagen. Er hat alles schön gemacht zu seiner Zeit, auch hat er die Ewigkeit in ihr Herz gelegt; nur dass der Mensch nicht ergründen kann das Werk, das Gott tut, weder Anfang noch Ende. Da merkte ich, dass es nichts Besseres dabei gibt als fröhlich sein und sich gütlich tun in seinem Leben. Denn ein Mensch, der da isst und trinkt und hat guten Mut bei all seinem Mühen, das ist eine Gabe Gottes.

Stufe C:
Ziehe für die Überprüfung deiner Hypothese das Gedicht von Horaz heran. Übersetze die fettgedruckten Passagen.

Horaz, c. I,11	
Tu ne quaesieris (scire nefas) quem mihi, quem tibi finem di dederint, Leuconoe, nec Babylonios temptaris numeros. **Ut melius quicquid erit pati!** Seu pluris hiemes seu tribuit Iuppiter ultimam, quae nunc oppositis debilitat pumicibus mare Tyrrhenum, **sapias**, vina liques et spatio brevi spem longam reseces. **Dum loquimur, fugerit invida aetas: carpe diem**, quam minimum credula postero.	Frage nicht (das wäre gottlos!), welches Ende mir oder dir die Götter geben, Leukonoe, und ergehe dich auch nicht in Zahlenspielereien; […] Es ist egal, ob dir Jupiter noch mehr Winter zugestanden hat oder ob es schon der letzte ist, der gerade das Tyrrhenische Meer an die Klippen branden lässt. […]; wässre Wein und lass weitere Hoffnung fahren. […], und vertraue kein bisschen auf den nächsten!

Zu II,53
Stufe A:
Das Gedicht (Text Stufe C). lässt sich in 2-6-2 Verse gliedern. Belege und deute diese Gliederung.

Stufe B:
Bearbeite A und fasse in eigene Worte, wodurch man frei werden kann. Lässt sich eine Wertigkeit der Bedingungen erkennen?

Stufe C:
1. Bearbeite B.
2. *mentiris* - Erkläre, wie Martial zu der Auffassung kommt, dass Maximus lügt, wenn er sagt, er wolle frei werden.
3. Welche Zusammenhänge bestehen zwischen »morgen leben«, »heute leben« und »frei leben«?

Hic et Nunc!
Wähle eine der drei folgenden Aufgaben aus und bearbeite sie. Je ein Ergebnis zu jeder Aufgabe wird anschließend der ganzen Lerngruppe vorgestellt und diskutiert.
1. Setze die Gedichte V,58 und II,53 in Bezug zueinander und benenne die Probleme, die sie auf dem Weg zur Freiheit schildern.
2. Versuche, selbst ein Gedicht zu verfassen, das (auf Deutsch!) solche Probleme darstellt.
3. Beziehe die »Hintergründe« mit ein und beschreibe den Einfluss der griechischen Philosophie im Rom der Kaiserzeit.

Hintergründe: Epikur und Stoa

Epikureismus und Stoa sind zwei konkurrierende philosophische Richtungen, die in Griechenland in der Zeit der größten Krise entstanden, nämlich ca. 300 v. Chr. in der Epoche des Hellenismus: Alexander der Große hatte ein Weltreich erschaffen, das nach seinem Tod in den Diadochenkriegen zerfiel, die Ordnung der Polis war seit dem Peloponnesischen Krieg erschüttert – und damit letztlich alles, woran man glaubte, am Ende. Die beiden Philosophenschulen konfrontierten in dieser verunsicherten Zeit mit neuen Sichtweisen auf die Götter; Epikur hielt sie für bedeutungslos, die Stoa wendete sich in ihrer Betonung des Weltenschicksals und der Vorsehung, der Allvernunft, einem bis dahin undenkbaren abstrakten Monotheismus von Gott als vernünftiger Schöpferkraft zu.

Es verwundert daher nicht, dass beide Schulen in Rom, das sich für Philosophie usw. wenig begeisterte und wo noch 155 v. Chr. griechische Philosophen ausgewiesen wurden, am Ende der Republik attraktiv wurden, als der Niedergang der alten Ordnung allerorten zu spüren und alles im Umbruch war, man nach neuen Möglichkeiten des Glücks suchte. Der von Epikur geforderte Rückzug ins Private und die völlige Abkehr von der Politik bot den entmachteten Eliten und enttäuschten Bürgern neuen Halt, war Betätigung in der Politik doch bislang faktisch Pflicht, wurde in Kaiserzeiten aber als sinnlos empfunden. Andererseits fand die Stoa, die politische Betätigung fordert, ebenso Zuspruch in ihrer Betonung der *virtus,* der Tugend als oberster Pflicht und höchstem Gut, da dies dem altrömischen Geist und dem Willen zur Erneuerung entsprach. Dies umso mehr, als sie auch die Alleinherrschaft als vernunftgemäße Staatsordnung propagierte, was der Wegbereitung des Prinzipats entgegenkam. Beide Schulen spiegeln also als Antwort auf die Krise der *res publica,* die sich überlebt und im Bürgerkrieg selbst zerfleischt hatte, die Umstände der Zeit, in der sie in Rom heimisch wurden.

5. Freies Leben

ep. II,68   C

Quod te nomine iam tuo saluto,   quod: nur weil/iam: jetzt

quem »regem« et »dominum« prius vocabam,

ne me dixeris esse contumacem: contumax: trotzig

totis pillea sarcinis redemi.   redimere: zurückkaufen/pilleum: Filzkappe [erhielten Sklaven, wenn

Reges et dominos habere debet,   sie die Freiheit erlangten]/sarcina: Last

qui se non habet atque concupiscit,   concupiscere: ≈ cupere

quod reges dominique concupiscunt.

Servum si potes, Ole, non habere,   Olus: [Eigenname]

et regem potes, Ole, non habere.   et: = etiam

ep. II,68   B

   Quod te nomine tuo iam saluto,   quod: nur weil/iam: jetzt

      quem »regem« et »dominum« prius vocabam,

ne dixeris

me contumacem esse: contumax: trotzig

totis sarcinis pillea redemi.   redimere: zurückkaufen/pilleum: Filzkappe [erhielten Sklaven, wenn

[Is] reges et dominos habere debet,   sie die Freiheit erlangten]/sarcina: Last

   qui se non habet

     atque [id] concupiscit,   concupiscere: ≈ cupere

        quod reges dominique concupiscunt.

   Si servum habere non potes, Ole,   Olus: [Eigenname]

et regem non habere potes, Ole.   et: = etiam

ep. II,68   A

Nur _____ ich dich jetzt _____ grüße, obwohl ich dich vorher mit

_____ und _____ ansprach, darfst du jetzt nicht sagen, ich sei trotzig:

Ich habe meine Freiheit von allen Lasten _____.

Nur wer sich selbst nicht besitzt und begehrt, was _____,

muss _____. Wenn du keinen _____ haben kannst,

Olus, _____.

Für alle:
1. Stelle die Wörter zusammen, die sich wiederholen, und leite daraus die Grundaussage des Gedichts ab.
2. Bestimme den Modus von *dixeris* und begründe dessen Gebrauch.
3. Belege einen AcI und bestimme dessen Zeitverhältnis.
4. Belege und bestimme zwei adverbiale Bestimmungen.

Interpretation
Stufe A:
Erläutere den hinter diesem Gedicht stehenden Freiheitsbegriff. Ziehe Text ep. I,112 mit heran.

> **ep. I,112**
> Cum te non nossem, »dominum« »regem«que vocabam;
> nunc bene te novi: Iam mihi Priscus eris.

Stufe B:
Erläutere vor der Folie der Texte zum glücklichen Leben den hinter diesem Gedicht stehenden Freiheitsbegriff. Ziehe Text ep. VIII,44 mit heran.

> **ep. VIII,44**
> Titulle, moneo, vive: semper hoc serum est;
> sub paedagogo coeperis licet, serum est.
> At tu, miser Titulle, nec senex vivis,
> sed omne limen conteris salutator
> et mane sudas urbis osculis udus,
> foroque triplici sparsus ante equos omnis
> aedemque Martis et colosson Augusti
> curris per omnis tertiasque quintasque.
> Rape, congere, aufer, posside: relinquendum est.
> Superba densis arca palleat nummis,
> centum explicentur paginae Kalendarum,
> iurabit heres te nihil reliquisse,
> supraque pluteum te iacente vel saxum,
> fartus papyro dum tibi torus crescit,
> flentes superbus basiabit eunuchos;
> tuoque tristis filius, velis nolis,
> cum concubino nocte dormiet prima.
>
> Titull, ich mahne: Lebe! Immer ist es dafür zu spät. Selbst wenn du noch zu Schulzeiten damit anfängst: Es ist zu spät. Aber du, armer Titull, du lebst auch als alter Mann noch nicht, sondern trittst als Grüßlouis noch die letzte Türschwelle breit, triefst in der Frühe, von den Küssen der Stadt vollgesabbert, und auf dem dreigeteilten Forum rennst du jeden Tag hektisch zur dritten und fünften Stunde vor allen Reiterstandbildern, dem Marstempel und dem Augustusdenkmal herum. Raffe, häufe an, trage weg, besitze: Man muss es ja doch abgeben. Sollen doch deine stolze Schatztruhe von all den Münzen glänzen und 100 Seiten Zinstermine ausgebreitet werden: Ein Erbe wird schwören, du habest nichts hinterlassen, und während du auf dem Sofa oder auf Stein liegst und während dir der mit Papier vollgestopfte Scheiterhaufen wächst, wird er verlogen die weinenden Eunuchen küssen. Und ob du willst oder nicht: Dein trauernder Sohn wird schon in der ersten Nacht mit deiner Geliebten schlafen.

Stufe C:
Erläutere den Zusammenhang von Freiheit und Glück. Ziehe die Zeilen Senecas mit heran.

> **Seneca, ep. 42,10 und ep. 90,38**
> Qui se habet, nihil perdidit: sed wie wenigen habere se contigit?
> Felicissimus est, cui felicitate non opus est; potentissimus est, qui se habet in potestate.

Hic et Nunc!
Wähle eine der drei folgenden Aufgaben aus und bearbeite sie. Je ein Ergebnis zu jeder Aufgabe wird anschließend der ganzen Lerngruppe vorgestellt und diskutiert.
1. »Freiheit ist das einzige, das zählt« – Suche Lieder, Gedichte, Texte, die sich mit dem Thema »Freiheit« beschäftigen, und entwirf ein eigenes Freiheitskonzept. Was genau zählt dabei?
2. Suche Beispiele »moderner Sklaverei«. Entwirf eine Text-Bild-Collage und überlege, ob du persönlich oder ihr als Klasse/Schule etwas tun könnt, um Misstände abzustellen.
3. Beziehe die »Hintergründe« mit ein: Wo kannst du in der heutigen Gesellschaft »Sklaverei« feststellen? Zeige Abhängigkeiten zwischen »Sklaven« und »Herren« auf.

Hintergründe: Sklaverei

Heute gilt es in unserer Gesellschaft als selbstverständlich, dass alle Menschen gleich sind, die Würde des Menschen unantastbar ist; Gleichberechtigung ist ebenso verankert wie das Recht auf freie Berufswahl und das Verbot von Zwangsarbeit. Ebenso selbstverständlich war jedoch für die Antike die Sklaverei, d. h. die Unfreiheit von Menschen, die ihre Freiheit teils infolge eigenen Fehlverhaltens (durch Verurteilung oder Schuldsklaverei), teils als Gefangene von Sklavenhändlern und römischen Soldaten verloren. Da das römische Reich ständig Kriege führte, neue Gebiete eroberte und die Lage in den Randgebieten kaum überschaubar war, gab es Sklaven im Überfluss. Und da Arbeitskräfte benötigt wurden, riss der Zustrom genauso wenig ab wie die Überzeugung, dass Sklaverei etwas völlig Normales sei. Sklaven gab es in allen Bereichen der Wirtschaft, d. h. in der Landwirtschaft, in Minen, im herstellenden Gewerbe usw., aber auch im Bereich der Bildung; als *servi publici* sogar in Ämtern des öffentlichen Dienstes.

Sklaven wurden als Sache behandelt, die man erwarb, über die man frei verfügen konnte und die keine eigene Rechtsfähigkeit besaß. Es hing also vom Besitzer ab, wie er seine Sklaven behandelte, ob er ihnen Freiräume oder sogar die Freiheit gab; mit der Freilassung *(manumissio)* war die Verleihung des römischen Bürgerrechts *(civitas Romana)* verbunden, obgleich der Freigelassene *(libertus)* stets in enger Verbindung mit seinem ehemaligen Herrn – und damit Bürger zweiter Klasse – blieb. Entsprechend schwierig gestaltet es sich, den antiken Begriff der Menschenwürde auszulegen; so markiert der Philosoph Cicero, die Würde des Menschen liege darin, sich vom Tier durch Triebbeherrschung zu unterscheiden (vgl. Cic. off. I,130). Auch das Christentum wird später, obwohl es den Menschen als Ebenbild Gottes sieht, nicht gegen die Instanz der Sklaverei vorgehen, sondern in der Hoffnung auf das nahe Ende der bisherigen Ordnung mahnen, dass jeder in seinem ihm von Gott gegebenen Stand bleiben solle: Der Sklave sei ein Freigelassener des Herrn und der Freie ein Sklave Christi (vgl. u. a. 1Kor 7,20–22), ein Gedanke, der sicherlich in der Nähe zur stoischen Auffassung von Freiheit als Einsicht in die Notwendigkeit steht. So ist es nicht verwunderlich, dass auch der stoische Philosoph Seneca zwar nicht die Sklaverei abschaffen will, sehr wohl aber nicht müde wird, zu wiederholen, dass alle Menschen gleich und somit auch Sklaven Menschen und Mitmenschen seien (Sen. ep. 47).

Damit unsere Grundsätze von Gleichheit und Würde aller Menschen nicht nur auf dem Papier stehen, muss diese Mahnung, jeden Menschen als Menschen zu sehen, auch heute immer neu wiederholt werden, denn Menschenhandel, Zwangsprostitution, Ausbeutung, Kinderarbeit, Lohndumping usw. sind nach wie vor allgegenwärtig in der globalisierten Welt.

6. Macht Geld glücklich?

Text 1: ep. III,62 C

Centenis quod emis pueros et saepe ducenis,	centeni: 100.000 Sesterze/duceni: 200.000 Sesterze
quod sub rege Numa condita vina bibis,	Numa: [Eigenname; der zweite sagenhafte König aus der Frühzeit
quod constat decies tibi non spatiosa supellex,	Roms]/condere: hier: einkellern/decies: schweineteuer
libra quod argenti milia quinque rapit,	spatiosus: umfangreich/supellex: Geschirr/libra: Pfund
aurea quod fundi pretio carruca paratur,	fundus: Landgut/carruca: Wagen
quod pluris mula est quam domus empta tibi:	mula: Maultier
Haec animo credis magno te, Quinte, parare?	
Falleris: haec animus, Quinte, pusillus emit.	pusillus: winzig

Text 1: ep. III,62 B

Quod pueros centenis et saepe ducenis emis,	centeni: 100.000 Sesterze/duceni: 200.000 Sesterze
quod sub rege Numā condita vina bibis,	Numa: [Eigenname; der zweite sagenhafte König aus der Frühzeit
quod supellex non spatiosa decies tibi constat,	Roms] condere: hier: einkellern/decies tibi constat: es ist schweineteuer
quod libra argenti milia quinque rapit,	spatiosus: umfangreich/supellex: Geschirr/libra: Pfund
quod aurea carruca fundi pretio paratur,	fundus: Landgut/carruca: Wagen
quod mula pluris quam domus tibi empta est:	mula: Maultier/pluris quam: für mehr Geld als/tibi: = *a te*
Credis, Quinte,	
te haec animo magno parare?	parare: anschaffen
Falleris:	
Haec, Quinte, animus pusillus emit.	pusillus: winzig

Text 1: ep. III,62 A

Weil du für 100, oft 200.000 _____, weil du uralte _____, weil dein Geschirr winzig und doch schweineteuer ist, weil deine Silberwaage 5000 verschlingt, dein goldener Wagen den Wert eines Landguts hat, weil dein Maultier teuer als _____ war: _____, Quintus, dass du das _____ anschaffst? _____: Das kauft ein _____.

Für alle:
1. Fasse in eigenen Worten zusammen, was Martial als Wertgegenstände aufzählt.
2. Stelle Verben aus dem Sachfeld »Kaufen« zusammen!
3. Bestimme die Prädikate nach PNMTG!
4. Bestimme die semantische Funktion von *animo magno*!

Text 2: ep. II,38 ABC

| Quid mihi reddat ager, quaeris, Line, Nomentanus?
Hoc mihi reddit ager: Te, Line, non video. | reddere: einbringen; ager Nomentanus: Martials kleines Landgut bei Nomentum |

Für alle:
1. Bestimme *reddat* und *reddit* nach PNMTG und begründe den jeweiligen Modusgebrauch.
2. Markiere Prädikate und Subjekte.
3. Analysiere den Aufbau des Gedichts.

Interpretation
Zu ep. III,62
Stufe A:
Stelle dem *animus pusillus* den *animus magnus*, wie ihn sich Martial vorstellt, entgegen.

Stufe B:
Bearbeite A; berücksichtige dabei, dass Martial bei den Prädikaten Person und Genus Verbi variiert. Prüfe dann, ob bzw. inwiefern seine Vorstellungen mit denen Juvenals zu einem *fortis animus* im folgenden Text vergleichbar sind.

| **Juvenal, sat. X,357–362**
Fortem posce animum mortis terrore carentem,
qui spatium vitae extremum inter munera ponat
naturae, qui ferre queat quoscumque labores,
nesciat irasci, cupiat nihil et potiores
Herculis aerumnas credat saevosque labores
et venere et cenis et pluma Sardanapalli. | Fordere einen starken Geist, der keine Todesfurcht kennt, ein langes Leben zu den Danaergeschenken der Natur zählt, der jedwede Mühe ertragen und nicht zürnen kann, nichts begehrt und die Aufgaben und schlimmen Plackereien und Aufgaben des Herkules höher bewertet als Sex, Essen und weiche Daunenbetten. |

Stufe C:
Bearbeite A. Vergleiche unter den Aspekten »Besitz« und »Freiheit« das folgende Epigramm mit dem übersetzten Text.

ep. X,31	
Addixti servum nummis here mille ducentis,	Gestern hast du für 1.200 Sesterzen einen Sklaven
Ut bene cenares, Calliodore, semel.	verkauft, um ein einziges Mal gut zu essen, Calliodor.
Nec bene cenasti: mullus tibi quattuor emptus	Du hast aber nicht gut gegessen: Eine Meerbarbe von
Librarum cenae pompa caputque fuit.	vier Pfund war Glanz und Höhepunkt deines Mahls.
Exclamare libet: ›Non est hic, inprobe, non est	Man darf aufschreien: Du Verbrecher, das hier, das
Piscis: homo est; hominem, Calliodore, comes.‹	ist kein Fisch! Es ist ein Mensch! Einen Menschen, Calliodor, isst du!

Zu ep. II,28
Stufe A:
Mutmaße, was Linus Martial vielleicht getan haben könnte, dass er so reagiert.

Stufe B:
Bearbeite A; vergleiche die beiden übersetzten Gedichte unter der Leitfrage: Gehört Besitz zu einem guten Leben dazu?

Stufe C:
Bearbeite B und beziehe noch das folgende Epigramm mit ein. Analysiere den Aufbau des Gedichts und achte vergleichend auf die Wortwahl!

ep. X,31	
Addixti, Labiene, tres agellos;	agellus: Äckerchen
Emisti, Labiene, tres cinaedos:	cinaedus: Schwuchtel
Pedicas, Labiene, tres agellos.	pedicare: [Knaben] vögeln

Hic et Nunc!
Wähle eine der drei folgenden Aufgaben aus und bearbeite sie. Je ein Ergebnis zu jeder Aufgabe wird anschließend der ganzen Lerngruppe vorgestellt und diskutiert.
1. Der Schweizer Schriftsteller Max Frisch verfasste in seinen Tagebüchern Fragebögen, auch zum Thema Geld. Aus diesem stammen die folgenden fünf Fragen; beantworte sie für dich und diskutiere darüber mit MitschülerInnen.
   1. Können Sie sich erinnern, seit welchem Lebensjahr es Ihnen selbstverständlich ist, dass Ihnen etwas gehört, beziehungsweise nicht gehört?/7. Wissen Sie, was Sie brauchen?/9. Erleben Sie einen Hund als Eigentum?/11. Wenn Sie auf der Straße stehen bleiben, um einem Bettler etwas auszuhändigen: warum machen Sie's immer so flink und unauffällig wie möglich?/16. Warum schenken Sie gerne?
   Max Frisch: Fragebogen. Frankfurt/Main 1998, 81-85
2. Beschreibe das Bild *Mammon* von Alejandro Schneider und überlege: Macht Geld glücklich?
3. Beziehe die »Hintergründe« mit ein: Welche Gemeinsamkeiten und welche Unterschiede kannst du zwischen Antike und Gegenwart beim Thema »Eigentum« feststellen?

Hintergründe: Eigentum

Eigentum verpflichtet, sagt das Grundgesetz, aber wozu eigentlich? Art. 14 Abs. 2 GG führt aus, dass Eigentum zum Gemeinwohl beitragen soll. In diesem Sinne muss jeder, der Geld verdient, Eigentum erwirbt, Kapitalerträge erwirtschaftet usw. über Steuern und Sozialabgaben einen Teil davon an den Staat bzw. die Solidargemeinschaft zurückführen. So wird finanziert, was dem gesamten Volk nutzt, z. B. im Bildungswesen, bei Sozialleistungen, beim Straßenbau. Andererseits ist jeder Sacheigentümer verpflichtet, sein Eigentum so zu halten, dass Dritten kein Schaden entsteht; so muss z. B. jeder Fahrzeughalter regelmäßig mit seinem Fahrzeug zum TÜV, jeder Hauseigentümer muss sein Haus instandhalten oder Schnee schippen, damit niemand z. B. durch marode Bauteile oder Glätte verletzt wird. Ein solches Denken ist auch der Antike nicht fern, wenn z. B. Cicero betont, dass die Menschen im Staat durch Austausch materieller wie ideeller Ressourcen den gemeinsamen Nutzen steigern und so die Zusammengehörigkeit stärken sollen (vgl. off. I,22; III,23–25); keiner dürfe auf Kosten und zum Nachteil des anderen Nutzen ziehen. Anderen Menschen zu schaden, entspreche nicht der Natur, sondern es entspreche ihr und damit der Vernunft, gerecht und freigebig zu handeln, anstatt gierig und egoistisch. Auch Platon und Aristoteles wussten, dass Eigentum nur dann nutzt, wenn man es richtig gebraucht (vgl. z. B. Men. 87eff.; Euthyd. 280bff.). Aktuelle Beispiele wie Mietwucher, Nahrungsspekulationen, Ausbeutung von Arbeitern, Steuerhinterziehung usw. zeigen jedoch, wie Eigentum missbraucht werden kann, um den eigenen Reichtum zu mehren. Wie verführerisch Reichtum und Besitz sein können, zeigt deutlich Platon, der in seinem Idealstaat den Philosophen, also der politischen Führungsschicht, Privatbesitz genauso untersagt wie den Wächtern, die den Staat und seine innere Einheit schützen sollen.

Der Wert von Eigentum muss also (in antiker wie moderner Sicht) darin liegen und daran gemessen werden, inwiefern es mit seiner Hilfe gelingt, sich selbst zu schützen und zu verwirklichen – in diesem Maße muss Privateigentum geschützt bleiben. Gleichwohl darf es der Gemeinschaft nicht schaden und muss zu deren Vorteil genutzt werden; das Eigentum des einen findet seine Grenze also im Eigentum des anderen. Der Genuss von Eigentum ist legitim als Ergebnis eigener Leistung, es muss aber so eingesetzt werden, dass es die elementare Sicherung auch derer ermöglicht, die keine Leistung erbringen können. Wenn Großunternehmer und Milliardäre Teile ihres Vermögens sozialen Zwecken zuführen, setzt dies ein Zeichen; schließlich steht die Frage nach dem Eigentum immer auch im Zusammenhang mit der Frage nach der Gerechtigkeit und dem Wert von Arbeit: Je nach Beruf oder Einkommensart ist es leichter oder schwerer, Eigentum zu erwirtschaften.

7. Das Leben der Anderen

ep. IX,97 C

Rumpitur invidia quidam, carissime Iuli,   quidam: ein gewisser/Iulus: ein Freund Martials
quod me Roma legit, rumpitur invidia.
Rumpitur invidia, quod turba semper in omni
monstramur digito, rumpitur invidia.   digitus: Finger
Rumpitur invidia, tribuit quod Caesar uterque   Caesar uterque: beide Kaiser [Titus und Domitian]
ius mihi natorum, rumpitur invidia.   ius natorum: Dreikinderrecht
Rumpitur invidia, quod rus mihi dulce sub urbe est   rus: Land [im Ggs. zur Stadt; Martial hatte bei Nomentum ein
parvaque in urbe domus, rumpitur invidia.   Landgut]/dulcis: süß
Rumpitur invidia, quod sum iucundus amicis,
quod conviva frequens, rumpitur invidia.   frequens: häufig
Rumpitur invidia, quod amamur quodque probamur:
Rumpatur, quisquis rumpitur invidia.   quisquis: wer auch immer

ep. IX,97 B

Rumpitur invidia quidam, carissime Iuli,   quidam: ein gewisser/Iulus: ein Freund Martials
    quod me Roma legit:
Rumpitur invidia.
Rumpitur invidia,
    quod semper in omni turba digito monstramur: digitus: Finger/monstramur: man zeigt auf mich
Rumpitur invidia.
Rumpitur invidia,
    quod Caesar uterque mihi ius natorum tribuit: Caesar uterque: beide Kaiser [Titus und Domitian]/
Rumpitur invidia.   ius natorum: Dreikinderrecht
Rumpitur invidia,
    quod rus dulce sub urbe et parva domus in urbe   rus: Land [im Ggs. zur Stadt; Martial hatte bei Nomentum ein
    mihi est: Landgut]/dulcis: süß/mihi est: ich habe
Rumpitur invidia.
Rumpitur invidia,
    quod amicis iucundus sum,
    quod conviva frequens est: frequens: häufig
Rumpitur invidia.
Rumpitur invidia,
    quod amamur quodque probamur:

Rumpatur,

quisquis invidia rumpitur.　　　　　　　　　　quisquis: wer auch immer/probare: gut finden

ep. IX,97　　　　　　　　　　　　　　　　　　　　　　　　　　　　　　　A

Der »Jemand« _____, teuerster Julius, weil _____:

Er _____. Er platzt vor Neid, weil man _____

auf mich zeigt: Er platzt vor Neid. Er platzt vor Neid, weil mir der Kaiser das Dreikinderrecht

_____: Er platzt vor Neid. Er platzt vor Neid, weil ich ein _____

außerhalb _____ und _____ in _____ habe:

Er platzt vor Neid. Er platzt vor Neid, weil ich _____ und oft Gäste habe:

Er platzt vor Neid. Er platzt vor Neid, weil ich _____ und _____ werde:

Soll doch _____, wer auch immer _____.

Für alle:
1. Notiere dir erste Eindrücke vom Aufbau des Gedichts.
2. Bestimme *invidia* nach KNG, *rumpitur* und *rumpatur* nach PNMTG!

Interpretation
Stufe A:
Formuliere alle Aussagen über Martial in eigene Worte um und beurteile, wie stark sie wohl jeweils Anlass zu Neid geben (++: sehr stark; +: stark; –: wenig; – –: kaum).

Stufe B:
Bearbeite Stufe A und untersuche zusätzlich die Stellung dieser Aussagen im Text: Kannst du ihre Anordnung begründen?

Stufe C:
Bearbeite A und B und vergleiche das Gedicht mit der Moral aus Phädrus' *De rana rupta et bove*.

> **Phädrus, c. I,24**
> Inops, potentem dum vult imitari, perit.　　　inops: arm, machtlos

Hic et nunc!
Wähle eine der drei folgenden Aufgaben aus und bearbeite sie. Je ein Ergebnis zu jeder Aufgabe wird anschließend der ganzen Lerngruppe vorgestellt und diskutiert.
1. Francois Lelord beschreibt in seinem Roman *Hectors Reise oder die Suche nach dem Glück* (München/Zürich 2011, S. 27), wie der Psychiater Hector das Glück sucht. Seine erste Lektion: »Vergleiche anzustellen ist ein gutes Mittel, um sich sein Glück zu vermiesen.« Wie siehst du das?
2. Wie hätte Martial das wohl gesehen? Begründe deine Meinung.
3. Beziehe die »Hintergründe« mit ein: Erkläre, ob bzw. inwiefern die Grafik auf das Körper-Geist-Problem eingeht. Was würde Platon dazu sagen, was die moderne Hirnforschung?

Hintergründe: Körper-Geist-Problem/Gefühle

Redewendungen wie »gelb/grün vor Neid werden«, »einen kühlen Kopf bewahren«, »aus der Haut fahren«, »Schmetterlinge im Bauch« zu haben oder »auf sein Bauchgefühl hören« lassen spüren, dass Gefühlen über den Körper hinaus gehen, dass beides, Körper und Gefühle, aber auch untrennbar verbunden sind. Gefühle wie Angst, Verliebtsein, Wut usw. lösen immer auch körperliche Reaktionen wie Übelkeit, Schwindel o. Ä. aus; wenn einem »etwas auf den Geist geht«, man also psychisch angespannt ist, ist man »genervt«, d. h. auch physisch gereizt. Besonders deutlich werden solche Reaktionen, wenn man ein schlechtes Gewissen hat. Die Erfahrung der körperlichen Begrenztheit durch Krankheit, Alter und Tod lässt den Menschen andererseits hoffen, dass es etwas Unkörperliches in ihm gibt, eine Seele, die den Körper überlebt.

Seit jeher suchen Menschen zu ergründen, in welchem Zusammenhang Körper und Geist stehen; man spricht vom Körper-Geist- oder Leib-Seele-Problem: Sind Gefühle Ausdruck der Seele oder neuronaler Prozess? Stehen Rationalität und Emotionalität im Widerstreit? Schon die Antike rang ohne abschließenden Bescheid damit und empfahl, den Körper nie ohne den Geist zu trainieren *(ingenium nemo sine corpore exercere debet)* und inständig darum zu bitten, dass ein gesunder Geist in einem gesunden Körper wohnen solle *(mens sana in corpore sano)*.

Der Stoa geht es darum, dass der Mensch seine Gefühle mittels Vernunft beherrscht, um nicht »von seinen Gefühlen übermannt zu werden«, d. h. die Hoheit über sein Handeln zu verlieren und »Opfer seiner Gefühle« zu werden: Ähnlich dualistisch, also im Widerstreit, sieht Platon Körper und Geist; in seiner Lehre geht er sogar so weit, den sterblichen, begrenzten Körper als Gefängnis der unsterblichen, unendlichen Seele zu verstehen, die im Moment des Todes vom Körper befreit wird.

Auch für Aristoteles ist die Reinigung vom Übermaß der Emotionen hehres Ziel, um einen ausgeglichenen emotionalen Zustand zu erzeugen. Er sieht die Trennung zwischen Körper und Geist jedoch nicht so streng, Gefühle und freies Denken eng verbunden.

Die moderne Hirnforschung versucht, Bewusstsein, Selbstbewusstsein usw. als chemische Reaktionen zu erklären, wodurch der Mensch als Person Produkt seines eigenen Körpers wäre; sollte dieser Beweis erbracht werden, wäre der Körper-Geist-Dualismus damit genauso aufgehoben wie die Freiheit des menschlichen Willens.

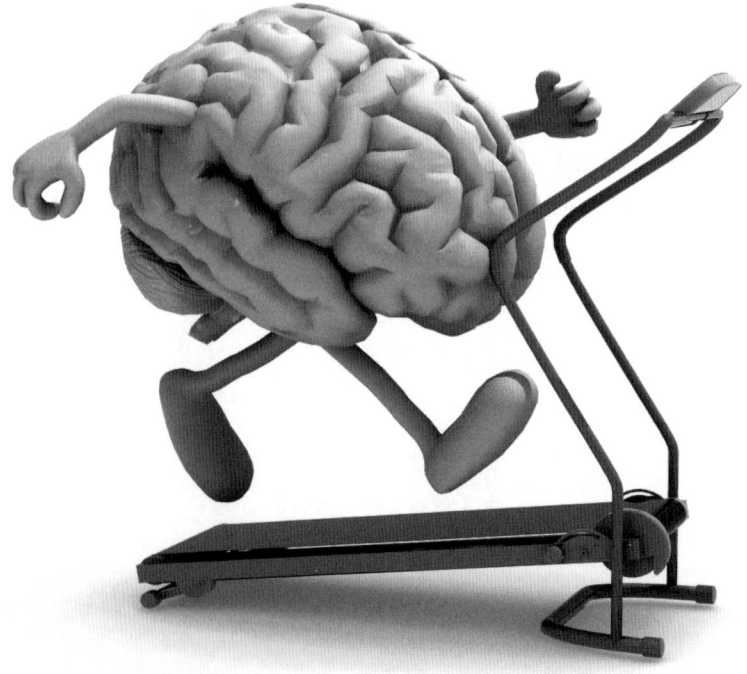

8. Ware Freundschaft...

ep. X,15   C

Cedere de nostris nulli te dicis amicis.	cedere de: jmd. nachstehen/nulli: Dativ zu nullus
Sed, sit ut hoc verum, quid, rogo, Crispe, facis?	ut + Konj: angenommen dass
Mutua cum peterem sestertia quinque, negasti,	mutuus: geliehen/quinque [erg. *milia*] sestertia: 5000 Sesterzen
non caperet nummos cum gravis arca tuos.	nummus: Münze/arca: Schatzkästchen modius: Scheffel [Maßeinheit]/
Quando fabae nobis modium farrisve dedisti,	faba: Bohne/farris: Mehl/-ve: oder
cum tua Niliacus rura colonus aret?	colonus: Pächter/arare: beackern
Quando brevis gelidae missa est toga tempore brumae?	gelidus: kalt/bruma: Winter
Argenti venit quando selibra mihi?	selibra: ein halbes Pfund
Nil aliud video, quo te credamus amicum,	credere + dopp.Akk.: ansehen als
quam quod me coram pedere, Crispe, soles.	coram + Akk.: in meiner Gegenwart/pedere: furzen

ep. X,15   B

Dicis
 te nulli de nostris amicis cedere.   cedere de: jmd. nachstehen/nulli: Dativ zu nullus
Sed,
 ut sit hoc verum: ut +Konj: angenommen dass
Rogo:
Quid facis, Crispe?
  Cum mutua sestertia quinque peterem,   mutuus: geliehen/quinque [erg. *milia*] sestertia: 5000 Sesterzen
negavisti,
  cum gravis arca nummos tuos non caperet.   nummus: Münze/arca: Schatzkästchen
Quando nobis modium fabae farrisve dedisti,   modius: Scheffel [Maßeinheit]/faba: Bohne/farris: Mehl/-ve: oder
  cum Niliacus colonus tua rura aret?   colonus: Pächter/arare: beackern
Quando tempore gelidae brumae brevis toga   gelidus: kalt/bruma: Winter
missa est?
Quando selibra argenti mihi venit?   selibra: ein halbes Pfund
Nihil aliud,
  quam quod me coram pedere soles, Crispe,   coram + Akk.: in meiner Gegenwart/pedere: furzen
video,
  quo te credamus amicum.   credere + dopp. Akk.: ansehen als

ep. X,15 A

_____, dass du keinem meiner _____ nachstehst. Aber angenommen, das sei _____: Was bitte _____, Crispus? _____ ich dich leihweise um 5000 Sesterzen bat, _____, _____ dein _____ Schatzkästchen deine Münzen nicht _____. _____ hast du mir ein Scheffel Bohnen oder Mehl _____, wo doch der _____ am Nil deine _____. Wann wurde mir in _____ eine kurze Toga _____? Wann _____ ein halbes Pfund Silber _____? Ich sehe nichts weiter als das, dass du, Crispus, _____, wodurch ich dich als _____.

Für alle:
1. Gliedere das Gedicht (Text von Stufe C).
2. Erläutere die letzten beiden Verse (Text von Stufe C).
3. Fasse zusammen, welche Dienste Martial von einem echten Freund fordert.

Interpretation

Stufe A:
»Kleine Geschenke erhalten die Freundschaft« – Beurteile unter Berücksichtigung des Textes dieses Sprichwort. Berücksichtige auch die Wirkung großer Geschenke.

Stufe B:
Ziehe den folgenden Vergleichstext von Martial heran, um zu beurteilen, welche Rolle Geschenke und Freundschaftsdienste für die Qualität einer Freundschaft spielen. Übersetze die fettgedruckten Abschnitte und berücksichtige diese besonders.

ep. X,11	
Nil aliud loqueris, quam Thesea Pirithoumque, Teque putas Pyladi, Calliodore, parem. Disperream, si tu Pyladi praestare matellam Dignus es aut porcos pascere Pirithoi. **»Donavi tamen«** inquis »**amico milia quinque** Et lotam, ut multum, terve quaterve **togam.**« Quid, quod nil umquam Pyladi donavit Orestes? **Qui donat quamvis plurima, plura negat.**	Du sprichst von nichts anderem als Theseus* und Peirithoos* und hältst dich für Pylades* ebenbürtig, Calliodor. Ich will verrecken, wenn du es auch nur wert wärest, Pylades den Nachttopf zu halten oder die Schweine des Peirithoos* zu hüten. Du sagst: »[…] und eine höchstens vier- oder fünfmal gewaschene […]!« Na und? Orest* hat doch niemals dem Pylades* etwas geschenkt! […]

* Theseus und Peirithoos sowie Orest und Pylades sind bekannte Muster-Freundespaare aus der Mythologie.

Stufe C:
Bearbeite Stufe A und B und erläutere, inwiefern ep. X,11 und X,15 zusammengehören bzw. wie sich Crispus und Calliodor spiegeln!

Hic et Nunc!
Wähle eine der drei folgenden Aufgaben aus und bearbeite sie. Je ein Ergebnis zu jeder Aufgabe wird anschließend der ganzen Lerngruppe vorgestellt und diskutiert.
1. Definiere den Begriff »Freundschaft«. Schreibe einen kurzen Lexikoneintrag.
2. Schreibe einen Essay zum Begriff »Freundschaft«. Berücksichtige neben der Bedeutung auch mögliche Formen, Risiken und Chancen sowie den Aspekt des Verhältnisses zwischen Patron und Klient im alten Rom.
3. Beziehe die »Hintergründe« mit ein: Welche Unterschiede siehst du zwischen »Freundschaft« und der römischen *amicitia*? Gibt es Beispiele für *amicitia* auch in unserer Gesellschaft?

Hintergründe: *amicitia* und Klientelwesen

Amicitia mit *Freundschaft* zu übersetzen, griffe zu kurz, da der Begriff weit über das hinausgeht, was wir heute unter »Freundschaft« verstehen, und grundlegend für das Verständnis sozialer Interaktion in der römischen Gesellschaft überhaupt ist.

So bezeichnet der Begriff neben der »wahren Freundschaft« zwischen Menschen zunächst ein außenpolitisches Bündnis zwischen Rom und den *amici populi Romani*, das wechselseitige Verpflichtungen beinhaltet. Die Bedingungen wurden jedoch von Rom diktiert; eine Ebenbürtigkeit der Vertragspartner ist nicht festzustellen. Auch im Inneren ist *amicitia* sehr häufig ein Zweckbündnis, das nach Maßgabe von Nutzen und Aufwand zumeist zwischen sozial gleichgestellten, im Sinne von Patron und Klient aber auch zwischen sozial verschiedenen Menschen geschlossen wird. Es kann wieder gelöst werden, wenn der Nutzen wegfällt; das Nichterfüllen von Freundschaftspflichten und -diensten kann den Bruch der *amicitia* nach sich ziehen.

Man muss den Begriff demnach – anders als heute – als zweckorientierte Praxis verstehen, gesellschaftlich voneinander zu profitieren, es handelt sich, in wirtschaftlichen Termini gesprochen, um Verwaltung von Humankapital und Nutzen von Synergie-Effekten der *manpower*. Durch Austausch aller möglichen Ressourcen wird der Nutzen für beide Seiten optimiert.

Schon Ciceros Definition der *amicitia* als *voluntas erga aliquem rerum bonarum illius ipsius causa, quem diligit, cum eius pari voluntate* (Cic. inv. 2,166; Freundschaft ist der gute Wille gegen jemanden, um das Wohlergehen willen, den man liebt, zusammen mit dessen gleicher Gesinnung) zeigt, dass Freundschaft neben persönlicher Sympathie und gegenseitigem Wohlwollen und Vertrauen durchzogen ist vom wechselseitigen Austausch in guter Gesinnung. An anderer Stelle merkt merkt er jedoch an, Freundschaften sollten um ihrer selbst willen und nicht aus egoistischer Optimierungsgier geschlossen, Freundschaftsdienste als Ausdruck von Liebe und Sympathie, nicht von Kalkül und Hoffnung auf Lohn geleistet werden (vgl. z. B. Cic. *Laelius* 31).

Es ist bezeichnend, dass Cicero betont, Freundschaft gehöre zu den Werten, in denen sich Ehre und Nutzen (*utilitas*) verbinden. Freundschaften wurden auch aus Erwägungen der Nützlichkeit gesucht. Es wird ganz konkret gesagt, dass er jeden in den Kreis seiner Freunde aufnehmen will, der ihn in welcher Form auch immer bei seiner Wahl zum Konsul unterstützt, auch wenn er einschränkt, dass diese Erweiterung des Freundschaftsbegriffs nur in diesem speziellen Bereich Geltung hat (vgl. Cic. comm.pet. 16). Eine Differenzierung zwischen Freunden und Klienten ist in diesem Zusammenhang kaum mehr zu treffen.

Es verwundert daher nicht, dass Freundschaft und Klientelwesen auf denselben Säulen wechselseitiger Verpflichtung zu Unterstützung stehen und sich Letztere nur durch das sozialhierarchische Gefüge der Partner von Ersterer unterscheidet. Das bekannte Sprichwort: *Amicus certus in re incerta cernitur*, darf daher getrost so verstanden werden, dass Freundschaft besonders dann herrscht, wenn einer Hilfe in irgendeiner Form braucht, wohingegen dem Wunsch nach Freundschaft mit einem glücklichen und wohlsituierten Menschen immer ein fader Beigeschmack von Anbiederei und Kalkül anhaftet. Vgl. Val. Max. IV,7: *sincerae vero fidei amici praecipue in adversis rebus cognoscuntur*: Echte Freunde erkennt man vor allem in widrigen Umständen.

Das Klientelwesen ist das die römische Gesellschaft bestimmende, nicht vertragliche Treueverhältnis (*fides*) zwischen einem Patron (*patronus*) und einem Klienten (*cliens*), die zwar aus unterschiedlichen sozialen Schichten stammen, aber dennoch voneinander profitieren. Der Klient begibt sich aus freien Stücken unter den Schutz des Patrons, der in materieller Unterstützung durch Geld, Essen o. Ä. oder aus rechtlichem Beistand vor Behörden und Gerichten bestehen kann, wofür er dem Patron dadurch Dankbarkeit zollt, dass er ihn bei Wahlen durch seine Stimme unterstützt oder ihm durch Begleitung, öffentlichen Beifall oder die morgendliche Begrüßung *(salutatio)* Wahrnehmung und Prestige in der Öffentlichkeit verschafft; *do ut des* lautet dieses Prinzip des kalkulierenden Gebens.

Martial kritisiert häufig, dass aus dieser dem Prinzip nach freiwilligen Kooperation Formen der Unfreiheit erwachsen, wenn Klienten gedemütigt werden, kleinste Kleinigkeiten beim geizigen Patron erbetteln müssen, um irgendwie über die Runden zu kommen, gar nicht erkennen, wie sie vorgeführt werden, oder sich erhoffen, ihnen würde der Klientendienst den Aufstieg ermöglichen.

Gerade auch Dichter waren auf Patrone angewiesen, da man mit Literatur nur wenig verdiente und kaum als Urheber geschützt war. Auch hieraus erwächst Unfreiheit der Kunst, denn als Dichter musste man aufpassen, nicht den Zorn des Patrons zu wecken und dadurch die Unterstützung zu verlieren. Auf der anderen Seite bot der Klientendienst den Dichtern Zugang zur Oberschicht, die Geld und Zeit für Literatur hatte, und zum Kaiser. So lassen sich die zahlreichen Lobgedichte auf die verschiedenen Kaiser erklären. Nun waren die Kaiser nicht unbedingt auf eine rein quantitativ große Zahl von Klienten angewiesen wie andere Patrone, deren Ansehen mit der Zahl der Klienten eng zusammenhing, wohl aber auf bekannte und beliebte, renommierte und begabte Dichter, die für sie Propagandaarbeit leisten konnten. So wurde z. B. Vergils Aeneis, dem Nationalepos Roms, vorgeworfen, Auftragsarbeit gewesen zu sein, für die der Dichter reich entlohnt wurde.

Auch Martial wurde für seine Anbiederungen im echten Sinne des Wortes »kaiserlich« bedacht; so bekam er vom Kaiser nicht nur Geld, sondern wurde auch, obgleich arm, in den Ritterstand erhoben (vgl. V,13), wofür eigentlich ein Mindestvermögen von 400.000 Sesterzen aufzubringen war. Überschwänglich dankt er dem Kaiser hierfür in seinen Gedichten und betont, dass die Gunst des Kaisers ihm als Autor auch die Gunst des Volkes einbringe.

Natürlich hatte solche Abhängigkeit auch Nachteile. Dazu der Philosoph Seneca (*ep. mor.* 42,6 f.): »Wir übersehen, dass uns nur das kostenlos angeboten wird, was uns nachher am teuersten kommt. Wir glauben, dass wir nur das kaufen, wofür wir Bargeld hinlegen, sollten aber erkennen, dass wir das ›kostenlos‹ nennen, wofür wir uns selbst verkaufen.«

Angesichts vieler moderner Gratisangebote, in deren Genuss man nur kommt, wenn man seine Daten preisgibt, hat das nichts an Gültigkeit verloren.

9. ... und wahre Freundschaft

Text 1: ep. XI,44 ABC

Orbus es et locuples et Bruto consule natus:

Esse tibi veras credis amicitias?

Sunt verae, sed quas iuvenis, quas pauper habebas.

Qui novus est, mortem diligit ille tuam.

orbus: kinderlos/locuples: reich/Bruto consule natus: metaphorisch; Brutus war der erste Konsul Roms nach Gründung der Republik, d. h. ca. 600 Jahre vor Martial

Text 2: ep. IX,14 C

Hunc, quem mensa tibi, quem cena paravit amicum

esse putas fidae pectus amicitiae?

pectus: Herz

Aprum amat et mullos et sumen et ostrea, non te.

aper: Wildschwein/mullus: Barbe/sumen: Saueuter/ostreum: Auster

Tam bene si cenem, noster amicus erit.

Text 2: ep. IX,14 B

Putas

hunc amicum,

    quem tibi mensa et cena paravit,

pectus fidae amicitiae esse?

pectus: Herz

Amat aprum et mullos et sumen et ostrea, non te.

aper: Wildschwein/mullus: Barbe/sumen: Saueuter/ostreum: Auster

    Si tam bene cenem,

noster amicus erit.

Text 2: ep. IX,14 A

_____, dass der Freund, der wegen _____ zu dir gekommen ist, ein Herz von _____ ist? _____ Wildschwein, Barbe, Saueuter und Austern, _____. Wenn *ich* _____ essen würde, wäre er bald _____.

Für alle:
1. Zu ep. XI,44: Markiere alle Hyperbata und stelle Gegensatzpaare zusammen.
2. Zu ep. IX,14: Erkläre den Modusgebrauch von *cenem*.
3. Zu ep. IX,14: Belege einen AcI.
4. Zu beiden Texten:
    a) Erstelle je ein Sachfeld »Arm und Reich« sowie »Wahr und Unwahr«.
    b) Charakterisiere die beiden namenlosen Adressaten.
    c) Fasse zusammen, woran man nach Martial einen wahren Freund erkennt.
    d) Markiere in beiden Texten je ein Polysyndeton und beurteile dessen Wirkung für die Aussage der Gedichte.

Interpretation
Stufe A:
1. Vergleiche beide Gedichte miteinander.
2. Vergleiche Übersetzung 1 mit dem lateinischen Text ep. XI,44.

> **Übersetzung 1: Alexander Berg, Die Epigramme des Marcus Valerius Martialis in den Versmaßen des Originals. Stuttgart 1865, S. 406**
> Ohne Kinder und reich und, als Brutus Consul, geboren,
>   Glaubest du, daß trotzdem wirkliche Freunde du hast?
> Wirkliche gibt es, jedoch die du hatt'st als Armer, als Jüngling.
>   Glaube mir, nur dein Tod wird von den neuen geliebt.

Stufe B:
1. Bearbeite A; beziehe die Texte zur »Ware Freundschaft« und das folgende Epigramm mit ein und erläutere dessen Pointe.
2. Vergleiche Übersetzung 2 mit dem lateinischen Text ep. XI,44.

> **ep. VIII,27**
> Qui tibi locupleti senique, Gaure, munera dat,
> hoc tibi ait: »Morere!«
>
> senex: alt/munus: Geschenk
> ait: = dicit/morere: Imp.Sg. zu *mori*

> **Übersetzung 2: Harry C. Schnur, Martial. Epigramme. Stuttgart 1984, S. 106**
> *Freundschaft?*
> Reich bist du, ohne Familie und anno Olim geboren,
>   und glaubst wirklich, daß wer ehrliche Freundschaft dir zollt?
> Echte Freunde sind die, die du jung und besitzlos schon hattest,
>   aber wer heute als Freund zu dir kommt, liebt deinen Tod.

Stufe C:
1. Vergleiche die beiden Texte ep. XI,44 und ep. IX,14 mit dem folgenden Epigramm.
2. Vergleiche Übersetzung 3 mit dem lateinischen Text ep. XI,44.

---

ep. V,59
Quod non argentum, quod non tibi mittimus aurum,
hoc facimus causa, Stella diserte, tua.
Quisquis magna dedit, voluit sibi magna remitti;
Mit meinem Tongeschirr als Geschenk wirst
du also entlastet werden.

quod: dass
causa tua: dir zuliebe
disertus: beredt
quisquis: jeder der

Übersetzung 3: Walter Hofmann, Martial. Epigramme. Von Dirnen, Gaunern, Gladiatoren. Frankfurt/Main; Leipzig 2000, S. 470

Erbschleicher
Du bist verwaist, reich in der Tat,
    gebor'n in Brutus' Konsulat,
und glaubst, es kann in deinem Leben
    für dich noch wahre Freundschaft geben?
Ja, Freunde hast du wohl und zwar,
    wer es dir jung und arm schon war.
Doch kommt ein Freund hinzu, der neu,
    wünscht er nur deinen Tod herbei.

Hic et Nunc!
Wähle eine der drei folgenden Aufgaben aus und bearbeite sie. Je ein Ergebnis zu jeder Aufgabe wird anschließend der ganzen Lerngruppe vorgestellt und diskutiert.
1. Erörtere die Frage: Ist es erstrebenswert, viele Freunde zu haben?
2. Schreibe auf Deutsch selbst ein Epigramm auf die Freundschaft.
3. Beziehe die »Hintergründe« mit ein: Was sagt das Vorhandensein von Delatoren bezüglich der römischen *amicitia* aus? Warum konnten sie sich als mächtige Instanz etablieren?

Hintergründe: Das Delatoren-Unwesen

Da es in Rom nur Gerichtshöfe, aber keinen Staatsanwalt gab, war jeder, der sich als Opfer einer Straftat sah, darauf angewiesen, selbst zu klagen und sein Recht einzufordern. Der Umstand, dass der Klageeinreicher bei Erfolg auf Kosten des Beklagten entlohnt wurde, ließ besonders in der Kaiserzeit Falschanklagen zu einem lukrativen Geschäft werden, auch wenn schwere Strafen bei nachgewiesener Verleumdung und Falschanklage drohten. Je tyrannischer der Kaiser, desto zahlreicher wurden die Delatoren (Überbringer), die berufsmäßig Anklage führten, besonders in Erbangelegenheiten und bei Majestätsbeleidigung. Diese Bereiche boten sich an: Einerseits hatten Augustus' Ehegesetze zur Folge, dass viel Vermögen nicht vererbt werden durfte und an die Staatskasse fiel, da – vereinfacht gesagt – nur Verheiratete mit Kindern voll erbfähig waren. Andererseits stand auf Majestätsbeleidigung (die nicht definiert war und des Kaisers Willkür oblag) die Strafe der Verbannung bei Einziehung des Vermögens. Da der Delator ein Viertel der Summe als Belohnung erhielt, lohnte sich das Risiko oft. Die Kaiser nutzten das Verfahren, um politische Gegner zu beseitigen.

10. In die Stadt ziehen?

ep. IV,5 C

Vir bonus et pauper linguāque et pectore verus,
quid tibi, vis urbem qui, Fabiane, petis?
Qui nec leno potes nec comissator haberi,   leno: Kuppler/comissator: Zecher
nec pavidos tristi voce citare reos,   pavidus: ängstlich/reus: Angeklagter
nec potes uxores cari corrumpere amici,   corrumpere: verführen
nec potes algentes arrigere ad vetulas,   algere: frigide sein/arrigere ad: beglücken/vetula: altes Weib
vendere nec vanos circa Palatia fumos,   fumus: hier: Gerüchterauch
plaudere nec Cano, plaudere nec Glaphyro: Canus/Glaphyrus: [Eigennamen; berühmte Musiker]
Unde miser vives? – »Homo certus, fidus amicus.«   unde: wovon?
Hoc nihil est: Numquam sic Philomelus eris.   Philomelus: [Eigenname; Typ des Emporkömmlings]

ep. IV,5 B

Vir bonus et pauper, linguā et pectore verus [es]:   lingua: Zunge/pectus: Herz
Quid tibi, Fabiane,   quid tibi petis: Was erhoffst du dir?
   qui urbem vis,
petis?
   Qui
      nec leno nec comissator haberi potes,   leno: Kuppler/comissator: Zecher/haberi: gehalten werden für/citare: anklagen, vorladen
      nec pavidos reos tristi voce citare [potes],
      nec uxores cari amici corrumpere potes,   corrumpere: verführen/pavidus: ängstlich/reus: Angeklagter
      nec arrigere ad vetulas algentes potes,   algere: frigide sein/arrigere ad: beglücken/vetula: altes Weib
      nec circa Palatia vanos fumos vendere [potes],   fumus: hier: Gerüchterauch
      nec Cano plaudere nec Glaphyro plaudere [potes]:   Canus/Glaphyrus: [Eigennamen; berühmte Musiker]
Unde miser vives?   unde: wovon?
»Homo certus, fidus amicus [sum].«
Hoc nihil est:
Numquam sic Philomelus eris.   Philomelus: [Eigenname; Typ des Emporkömmlings]

ep. IV,5 A

Du bist ein _____ Mann mit _____ und _____ am rechten Fleck:

Was willst du, Fabianus, der du _____ willst, für dich? Du kannst weder als Kuppler oder

Zecher durchgehen noch _____, _____

eines _____ verführen, frigide alte Weiber beglücken, rings um den Palatin

leeren Gerüchterauch verbreiten oder Canus und Glaphyrus _____:

Wovon _____? »Ich bin ein _____

und _____!« Das bringt nichts: So _____.

Für alle:
1. Notiere erste Eindrücke zur Textgestaltung.
2. *Homo certus, fidus amicus* – Welches Stilmittel liegt vor? Wie unterstützt es die Aussage?

Interpretation
Stufe A:
1. Charakterisiere Fabianus.
2. Begründe, warum Martial die Frage *Unde miser vives?* stellt.

Stufe B:
Bearbeite Stufe A und berücksichtige besonders die zweimalige Verwendung von *amicus*!

Stufe C:
Bearbeite Stufe A und B und vergleiche zusätzlich die Pointe des Gedichts mit der aus ep. III,38: *Si bonus es, casu vivere, Sexte, potes.*

Hic et Nunc!
Wähle eine der drei folgenden Aufgaben aus und bearbeite sie. Je ein Ergebnis zu jeder Aufgabe wird anschließend der ganzen Lerngruppe vorgestellt und diskutiert.
1. Vergleiche die Lage im alten Rom mit der aktuellen Lage in unseren Großstädten.
2. Geh das Thema kreativ an: Erstelle eine Collage, die die Vorzüge und Nachteile des Stadtlebens verdeutlicht.
3. Beziehe die »Hintergründe« mit ein: Verschiedene Studien und Statistiken untersuchen den Zusammenhang von Bildung, Herkunft und Karriere in unserer Gesellschaft. Verschaffe dir einen Überblick und verfasse einen Artikel dazu, der auf Probleme und Lösungen eingeht. Vergleiche mit der Situation in Rom, wie Martial sie schildert.

Hintergründe: Bildung und Karriere

Die »katholische Arbeitertochter vom Lande« wurde in den 1960er-Jahren zum bildungspolitischen Begriff, als es darum ging aufzuzeigen, dass es allzu oft nicht vom Wesen eines jungen Menschen, sondern von äußeren Kriterien wie Geschlecht, Herkunft, Religion oder Elternhaus abhängt, in den Genuss von Bildung zu kommen. Um Bildung für alle zu ermöglichen, gibt es in Deutschland eine allgemeine Schulpflicht vom sechsten bis zum 18. Lebensjahr, die Garantie kostenlosen Schulbesuchs, Lernmittelfreiheit usw., um jedem Kind und jedem Jugendlichen die bestmögliche Schulbildung zu ermöglichen. In Rom, wo sozialer Aufstieg letztlich ein Fremdwort und die Wahrung der Verhältnisse ungeschriebenes Gesetz war, war das anders; eine Schulpflicht bestand nicht, und schon die lateinischen Wörter für »Schule« zeigen, dass nur bevorzugte Kinder selbige besuchen konnten: *schola* kommt aus dem Griechischen und bedeutet »Muße«, *ludus* bedeutet »Spiel«: Das heißt nicht, dass Schule unendlich Spaß gemacht hätte, im Gegenteil, es zeigt vielmehr deutlich, dass nur ein Kind, das nicht mitarbeiten und sich Freizeit erlauben konnte, Lesen, Schreiben und Rechnen lernen durfte. Für die meisten Kinder war mit diesen Grundfähigkeiten dann auch nach dem Besuch der Grundschule der Bildungsweg mit etwa zwölf Jahren zu Ende. Nur wenige Jungen und noch weniger Mädchen, deren Eltern wohlhabend genug und gewillt waren, noch weitere Schulausbildung zu bezahlen, vertieften diese Kenntnisse beim *grammaticus*, ganz wenige Söhne aus den bedeutenden Adelsfamilien setzten ihre Studien beim *rhetor* oder gar mit einem Studium in Griechenland fort, um sich auf öffentliche Ämter vorzubereiten.

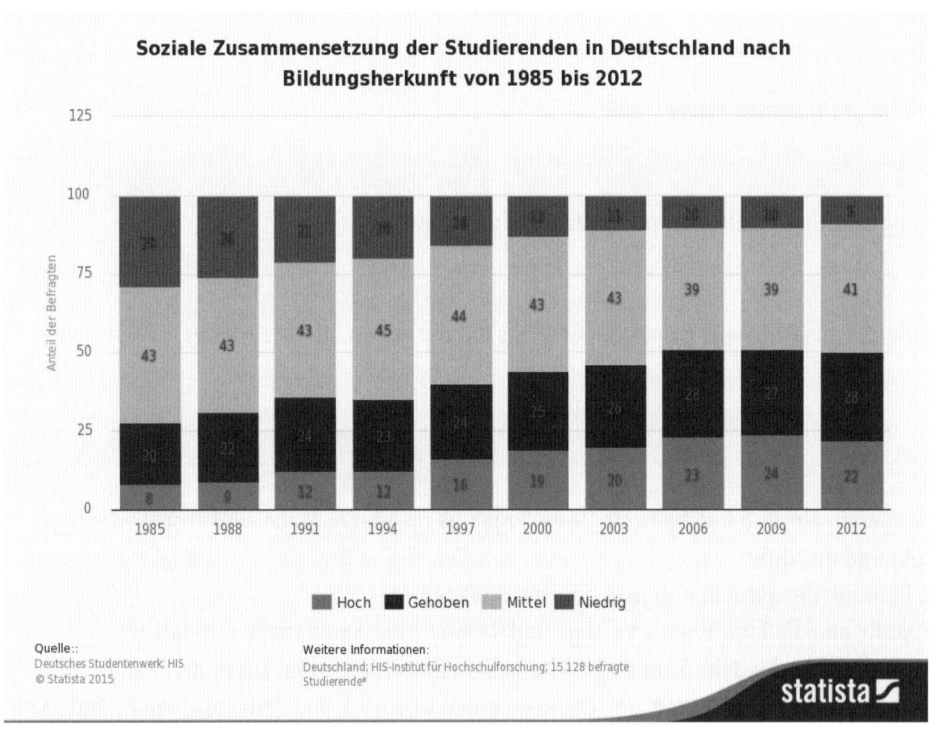

11. Berufswahl und Karriere

ep. III,38 ABC

Quae causa vel quae fiducia te Romam trahit,	
Sexte? Quid aut speras aut petis inde? Refer!	
»Causas« inquis »agam, Cicerone ipso disertior,	causas agere: Prozesse führen/disertior: abl.comp.
atque nemo in triplici foro par mihi erit.«	triplex: dreifach
Egit causas Atestinus et Civis – utrumque	Atestinus/Civis: [Eigennamen; berühmte Redner]
noras –; sed neutri pensio tota fuit.	
»Si nihil hinc veniet, pangentur carmina nobis:	
audieris, dices esse Maronis opus.«	Maro: [Eigenname: Vergil, berühmter Dichter]
Insanis: Omnes, quicumque gelidis lacernis	quicumque gelidis lacernis sunt tibi: alle, die dir in dünnen Mänteln
sunt tibi, Nasones Vergiliosque vides.	entgegenkommen/Naso/Vergilius: [Eigennamen; berühmte Dichter]
Atria magna colam. »Vix tres aut quattuor ista	
res aluit; pallet cetera turba fame.«	
»Quid faciam? Suade! Nam vivere Romae certum est.«	Romae: in Rom
Si bonus es, casu vivere, Sexte, potes.	

Für alle:
1. Übersetze diesen Text, indem du Wort für Wort vorgehst! Mache dir nach Vers 2 die Textsituation bewusst.
2. Bestimme PNMTG der Prädikate.
3. Bestimme jeweils die semantische Funktion der Ablative.

Interpretation
Stufe A:
Gliedere den Text und arbeite heraus, wie Sextus in Rom Karriere machen will und was der Sprecher darauf entgegnet.

Stufe B:
Gliedere das Gedicht und begründe mittels der PNMTG-Struktur. Untersuche den Redeverlauf und beurteile die Argumentationsstruktur.

Stufe C:
Gliedere das Gedicht. Untersuche den Redeverlauf und beurteile die Argumentationsstruktur. Halte dir vor Augen, dass Martial alle drei Karrieremöglichkeiten aus seinem Leben selbst kennt.

Hic et Nunc!
Wähle eine der drei folgenden Aufgaben aus und bearbeite sie. Je ein Ergebnis zu jeder Aufgabe wird anschließend der ganzen Lerngruppe vorgestellt und diskutiert.

1. Beurteile die Aussage aus Vers 14, indem du einen Trialog zwischen Sextus, dem Sprecher und einem, der eine der beschriebenen Karrieren gemacht hat, entwirfst.
2. Mache dir Gedanken darüber, wie du später leben willst: Welchen Beruf willst du ergreifen? Willst du studieren? Wo und wie willst du leben?
3. Beziehe die »Hintergründe« mit ein: Entwirf diesmal selbst einen Hintergrundtext zum Thema »Urbanisierung«. Es geht dabei nicht nur darum, den Begriff zu erklären, sondern ein Problemfeld aufzuzeigen, dessen historische Grundlage zu schildern und in vergleichender Bezugnahme die Tragweite für Gegenwart und Zukunft zu diskutieren.

Hintergründe: Urbanisierung

Nicht nur: »Was ist Urbanisierung?« soll dein Text klären, sondern vor allem: Was habe ich mit Urbanisierung zu tun, und was kann ich aus der Vergangenheit lernen?

Gehe folgendermaßen vor:

1. Sammle Daten:
   – Wo liegen die größten Städte der Welt? Wie groß sind sie?
   – Wann entstanden Städte?
   – Aus welchen Gründen zogen/ziehen Menschen in Städte? Woher kommen sie?
   – Welche Vor- und Nachteile haben Städte für Menschen und Natur?
   – …
2. Notiere dir zu allem die Quelle, denn Daten ohne Beleg sind wertlos.
3. Entwirf eine (vorläufige) Definition für »Urbanisierung«.
4. Entwirf eine Arbeitshypothese, indem du aufzeigst, inwiefern Urbanisierung ein Problem darstellt.
5. Formuliere auf Grundlage deiner Datensammlung Argumente für bzw. gegen deine Hypothese und belege diese mit Beispielen aus Geschichte und Gegenwart.
6. Überprüfe deine Definition und deine Hypothese. Dabei muss sich nicht zwangsläufig ergeben, dass deine Hypothese richtig war; wissenschaftlichen Thesen zeichnet sich auch dadurch aus, dass sie falsifizierbar ist; es geht nicht um das Ergebnis, sondern um dessen Begründung.
7. Entwirf Konsequenzen für die Zukunft. Du brauchst deine Ergebnisse nicht zusammenzufassen, schließlich hat jeder deine Arbeit gelesen, wichtiger ist die Formulierung dessen, was man jetzt damit anfangen soll: Ein Problem muss gelöst werden. Formuliere also kompakt zwei bis drei zentrale Forderungen, wie mit deinen Ergebnissen umzugehen ist, und zwar nicht theoretisch (»Man könnte/sollte …«), sondern konkret für uns im Hier und Jetzt!

12. Cool bleiben!

ep. III,63   C

Cotile, bellus homo es: Dicunt hoc, Cotile, multi.	bellus: ›echt cool‹, ganz nett [ironisch!]
Audio; sed quid sit, dic mihi, »bellus homo«?	
»Bellus homo« est, flexos qui digerit ordine crines,	digerere: hier: kämmen/flexus: lockig/crinis: Haar
balsama qui semper, cinnama semper olet;	balsama cinnama: vgl. dt. Lehnwort und engl. *cinnamon*
cantica qui Nili, qui Gaditana susurrat,	canticum: Folkloregesang/Gaditanus: aus Cádiz
qui movet in varios bracchia volsa modos;	volsus: glatt rasiert
inter femineas totā qui luce cathedras	cathedra: Stuhl
desidet atque aliquā semper in aure sonat;	desidere: = *considere*
qui legit hinc illinc missas scribitque tabellas;	hinc illinc: mal von hier, mal von dort/tabella: Brief
pallia vicini qui refugit cubiti;	pallium: Mantel/cubitum: Ellenbogen
qui scit, quam quis amet, qui per convivia currit,	
Hirpini veteres qui bene novit avos.	Hirpinus: [Eigenname; berühmtes Rennpferd]
Quid narras? Hoc est, hoc est homo, Cotile, bellus?	
Res pertricosa* est, Cotile, bellus homo.	*pertricosus: sh. Fragen zum Text!

ep. II,7   B

Declamas belle, causas agis, Attice, belle;	bellus: ›echt cool‹, ganz nett [ironisch!]/declamare: Anklagereden halten/causas agere: Prozesse führen/historia: vgl. *history*/com-ponere: vgl. Lehnwort/mimus: Sketch
historias bellas, carmina bella facis;	
componis belle mimos, epigrammata belle;	
bellus grammaticus, bellus es astrologus;	grammaticus/astrologus: vgl. Lehnworte
et belle cantas et saltas, Attice, belle;	cantare: vgl. *Kantate*/saltare: tanzen
bellus es arte lyrae, bellus es arte pilae.	lyra: Lyra [Saiteninstrument]/pila: Ball
Nil bene cum facias, facias tamen omnia belle;	cum: Sinnrichtung beachten!
vis dicam, quid sis? Magnus es ardalio*.	Ergänze: vis*ne, ut* dicam…?/*ardalio: sh. Fragen zum Text!

ep. I,9   A

Bellus homo et magnus vis idem, Cotta, videri:	
sed qui bellus homo est, Cotta, pusillus* homo est.	*pusillus: sh. Fragen zum Text

Für alle:
1. Fasse in möglichst wenigen Oberbegriffen zusammen, was einen *homo bellus* ausmacht (III,63), was ein solcher »ganz nett« kann oder macht (II,7).
2. Arbeitet zusammen: Stellt die Oberbegriffe tabellarisch gegenüber und untersucht sie auf Unterschiede und Gemeinsamkeiten. Versucht, aus den Oberbegriffen Gruppen zu bilden.
3. Versuche, eine Übersetzung für *pertricosa res* bzw. *ardalio* bzw. *pusillus* zu finden. Tipp: Martial kritisiert Atticus dafür, dass alles, was er tut, (nur) *belle*, nicht aber *bene* sei; diese Art der Ausführung bestimmt seine Außenwirkung bei den Menschen.

Interpretation
Stufe A:
1. Finde möglichst viele Lehnwörter zu Wörtern aus den drei Texten!
2. Erkläre mit Hilfe von ep. II,7 den Unterschied zwischen *belle facere* und *bene facere* (v.7) sowie Martials Kritik an Atticus!
3. Belege einen Chiasmus und einen Parallelismus.

Stufe B:
1. Erkläre mit Hilfe von II,7 den Unterschied zwischen *belle facere* und *bene facere* (v.7) sowie Martials Kritik an Atticus. Belege diesen Unterschied auch stilistisch – am Vers und am Gesamttext.
2. Erkläre die Ironie *pertricosa res* in III,63, indem du die Fülle der Anforderungen an einen *homo bellus* aufzeigst.
3. Vergleiche ep. II,7 und ep. III,63 inhaltlich und formal.

Stufe C:
1. Bearbeite Stufe B; beziehe in deine Überlegungen Martials Wortspiel zwischen *bellus/a/um* = »schön« sowie *bellum* = »Krieg« mit ein. Achte auf die jeweilige grammatische Form und Funktion des Wortes.
2. Vergleiche alle drei Texte inhaltlich und formal.

Hic et Nunc!
Wähle eine der drei folgenden Aufgaben aus und bearbeite sie. Je ein Ergebnis zu jeder Aufgabe wird anschließend der ganzen Lerngruppe vorgestellt und diskutiert.
1. Verfasse auf Deutsch eine moderne Fassung eines der Gedichte. Lass den Sprecher über einen modernen *ardalio* bzw. *homo bellus* berichten.
2. Erstelle eine Collage mit Bildern aus Zeitschriften o. Ä., die einerseits *homines belli*, andererseits wirkliche Stilikonen, Vorbilder, Trendsetter zeigen.
3. Beziehe die »Hintergründe« mit ein: Beschreibe die Karikatur im direkten Vergleich mit dem *homo bellus*.

Hintergründe: *homo bellus* und Urbanität

Der *bellus homo* erscheint als Typ bei Martial, ist aber schwer greifbar und schwer zu übersetzen; Begriffe wie »Schönling«, »playboy«, »Dandy«, »Beau«, »Schöngeist«, »Lebemann« usw. treffen es nur ansatzweise und unsachgemäß verkürzt. Nähert man sich über die Bedeutung von *bellus* an, kommt man auf »hübsch«, »nett«, »adrett« als Verkleinerungsform von *bonus*. Nähert man sich jedoch über Textbelege bei Martial an, so ist die Aussage bei Weitem nicht so positiv und liebenswert, im Gegenteil: In ep. II,7 erscheint *belle* als das Gegenteil zu *bene*, als bloßes Gehabe eines Möchtegern *(ardalio)*. Die Tätigkeiten, die abqualifiziert werden, gehören allesamt zum öffentlichen Auftreten in Kunst, Kultur, Geselligkeit, Wissenschaft und Politik, d.h. der kritisierte Möchtegern Atticus tanzt auf vielen Hochzeiten, macht aber nichts richtig; es gehören zum *homo bellus* also u. a. eine gewisse Bildung, Umgangsformen und Stilbewusstsein, Bekanntheit und Beliebtheit dazu, es bleibt aber bei Oberflächlichkeit, die von allem etwas, aber nichts richtig hat. Alles ist nur aufgesetzte Koketterie, sein Versuch der öffentlichen Rede letztlich peinlich.

Dies wird auch in ep. I,9 deutlich, wenn Martial konstatiert, man könne nicht gleichzeitig *bellus* und *magnus* sein, da ein *bellus* immer ein *pusillus*, also ein Blender und Kleingeist ist, dessen Imponiergehabe jedweder Substanz entbehrt. Zieht man III,62 heran, zeigt sich, dass der *homo bellus* das Mondäne liebt, den Luxus, der über seine Verhältnisse geht (vgl. auch Catull c.24,8: Letztlich ist er arm).

Generell erscheint der *homo bellus* als affektierter Typ, was sich auch in seinem Äußeren zeigt. Nach ep. III,63 ist er sehr um die Pflege seines Körpers bemüht und erscheint damit als unmännlich, er sucht die Gesellschaft von Frauen und ist bei diesen wohl nicht unbeliebt aufgrund seiner Leichtigkeit, seiner Fähigkeit zum *Smalltalk*, seiner charmanten und großzügigen Galanterie und seines playboyhaften Auftretens auf Partys, bei denen er Gott und die Welt kennt und über alles reden kann.

Ein Vergleich zu Catull c.22,9 lohnt, da *bellus* dort gleichgesetzt wird mit *dicax* (gewandt, beredt), *venustus* (charmant, liebenswert, höflich) und *urbanus*: Der *homo bellus* ist also auch der Typ des Großstädters, der sich weltmännisch gibt und etwas Besseres darstellt als das Landvolk außerhalb der Stadt Rom. Urbanität ist für den Römer eine Haltung, die sich mit dem wachsenden Status der Weltmacht wie der Weltstadt Rom herausbildet; sie beinhaltet Sinn für (Sprach-)Stil und Witz, Pointe und geschliffene Rede, für Ironie und humoristische und weltoffene Lebenskunst, sich darzustellen und zu behaupten als freier und unabhängiger Mann. Rhetorische Gewandtheit gehört daher zweifelsohne zu den Qualitäten des urbanen Römers (vgl. Cicero, *de oratore* I,17).

Was Martial kritisiert, ist nicht die Urbanität an sich, sondern es sind die kläglichen und gekünstelten Versuche, sich die entsprechende Maske aufzusetzen und so zu tun, als besäße und verkörpere man diese Eigenschaft und Lebenseinstellung. Das wirkt peinlich – Stil kann man nicht kaufen, Stil hat man oder eben nicht.

Cool © Peter Thulke

13. Früher war alles besser!?

ep. IX,70   C

Dixerat »O mores! O tempora!« Tullius olim,   mos, moris (m.): Sitte/olim: einst
sacrilegum strueret cum Catilina nefas,   sacrilegus/a/um: frevelhaft;/nefas: Schandtat
cum gener atque socer diris concurreret armis   gener: Schwiegersohn/socer: Schwiegervater/civilis: bürgerlich/caedes:
maestaque civili caede maderet humus.   Bluttat/madere: triefen/humus: Erdboden
Cur nunc »O mores!«, cur nunc »O tempora!« dicis?
Quod tibi non placeat, Caeciliane, quid est?
Nulla ducūm feritas, nulla est insania ferri.   feritas: Wildheit/insania: Wahnsinn/ferrum: hier: Schwert
Pace frui certā laetitiāque licet.   frui + Abl.: genießen
Non nostri faciunt tibi, quod tua tempora sordent,   sordere: anekeln
sed faciunt mores, Caeciliane, tui.

ep. IX,70   B

Tullius olim dixerat: »O mores! O tempora!«,   mos, moris (m.): Sitte/olim: einst
    cum Catilina nefas sacrilegum strueret,   sacrilegus/a/um: frevelhaft/nefas: Schandtat/struere: begehen
    cum gener atque socer diris armis concurreret   gener: Schwiegersohn/socer: Schwiegervater/humus: Erdboden/civilis:
    [cum]que maesta humus civili caede maderet.   bürgerlich/caedes: Bluttat/madere: triefen
Cur nunc [tu] »O mores!« [dicis],
cur nunc »O tempora!« dicis?
Quid est,
    quod tibi non placeat, Caeciliane?
Nulla feritas ducūm [est], nulla insania ferri est.   feritas: Wildheit/insania: Wahnsinn/ferrum: hier: Schwert
Pace certā laetitiāque frui licet.   frui + Abl.: genießen
Non nostri [mores] faciunt,   facere, quod: hier: schuld sein, dass/tibi: deiner Meinung nach/sordere:
    quod tibi tua tempora sordent,   anekeln
sed faciunt mores tui, Caeciliane.

ep. IX,70 A

Tullius _____: »Welch Sitten! _____!«, als Catilina sein

gottloses Verbrechen _____, als Schwiegersohn und -vater mit

schrecklichen _____ und die traurige Erde _____ triefte.

Warum sagst du _____? Was ist es, das _____,

Cäcilian, _____? Es gibt keine _____ mehr und auch

keine Wildheit des Schwerts; man darf _____ genießen. Nicht

meine _____ machen, dass deine _____ schlecht sind,

sondern _____ _____, Cäcilian.

Für alle:
1. Stelle Vokabeln aus dem Sachfeld »Krieg« zusammen.
2. Informiere dich zum historischen Hintergrund der Anspielungen in Vers 1, 2 sowie 3 f. (Text C).

Interpretation
Stufe A:
1. Gliedere das Gedicht; begründe deine Einteilung.
2. Stelle, ausgehend von deiner Gliederung, die Vergangenheit der Gegenwart gegenüber. Belege am Text.

Stufe B:
Bearbeite A und begründe (ausgehend von Text C) stilistisch.

Stufe C:
Bearbeite B; ziehe zur Beurteilung der Kritik an Cäcilian die Stellen heran, an denen Cicero den Ausruf »O tempora, o mores!« tatsächlich tätigte (Cic. in Cat. I,2; Cic. in Verr. II,56).

Hic et Nunc!
Wähle eine der drei folgenden Aufgaben aus und bearbeite sie. Je ein Ergebnis zu jeder Aufgabe wird anschließend der ganzen Lerngruppe vorgestellt und diskutiert.
1. »Früher war alles besser« - eine Klage seit alten Zeiten. Befrage deine Eltern und Großeltern, was früher besser, schlechter oder zumindest anders war. Überlegt mögliche Gründe, warum man Vergangenes oft verklärt. Erstellt eine Wandzeitung.
2. Lernen aus der Geschichte - Stellt Probleme unserer Zeit zusammen und überlegt, was man aus der Geschichte lernen könnte und was tatsächlich geschieht.
3. Beziehe die »Hintergründe« mit ein und vergleiche die heutige Situation mit der damaligen Zeit.

Hintergründe: *Res publica amissa* – die Krise der Republik

Die *res publica* war die Staatsform des römischen Reiches ungefähr zwischen 500 v. Chr. und der Zeitenwende, d. h. der Vertreibung der Könige und der Einrichtung des Prinzipats durch Octavian. In dieser Zeit expandierte das Reich ständig, ab 264 v. Chr. war es auf dem stetem Weg zur Weltmacht; nach dem Dritten Punischen Krieg (149–146 v. Chr. war nicht nur Karthago, der Erzrivale im Ringen um die Weltmacht, zerstört, sondern mit der Eroberung Korinths auch der Fuß in die griechische Kulturwelt gesetzt. Der Größe des Reiches, das immer noch wuchs und erst in der Kaiserzeit seine maximale Ausdehung erreichte, war die innere Verfassung jedoch nicht gewachsen: Diese war ausgelegt auf eine kleine Siedlung am Tiberufer. Neuerungen gegenüber war der Römer jedoch so wenig aufgeschlossen, dass *res novae* nicht wertneutral Neuerung, sondern »Umsturz« bedeutet. Um jeden Preis musste alles beim Alten bleiben. Insofern ist es schwer, ein Anfangsjahr für die Krise der *res publica* auszumachen, die in deren Wesen selbst grundgelegt und somit, wie es der Historiker Christian Meyer nennt, eine »Krise ohne Alternative« ist. Hilfsweise annehmen kann man, wie viele römische Historiker, das Jahr 146 v. Chr., denn spätestens ab diesem Jahr war der Weltmachtdünkel Roms offensichtlich. Die Provinzen mussten verwaltet werden, wobei sie von den Statthaltern, die ihre Karriere in Rom finanzieren mussten, ausgebeutet wurden. Auch weichten fremde Kultureinflüsse und der wachsende Reichtum (seit 167 v. Chr. herrschte für römische Bürger im italischen Stammland zu Lasten der Provinzen Steuerfreiheit) die altrömische Sittenstrenge auf; zugleich wuchs die Machtgier der Führungselite, d. h. der wenigen Familien, die sich seit Anbeginn die Macht teilten. Die Plebejer forderten immer mehr Rechte, auch Sklaven, deren Zustrom immer größer wurde, erhoben sich; Latifundien (Großgrundbesitz) und der ständige Kriegszustand zur Verarmung breiter Massen italischer Bauern und zur zunehmenden Proletarisierung Roms. Die Bauern waren zum Kriegsdienst verpflichtet und konnten immer länger ihre Felder nicht bewirtschaften, da die Kriegsschauplätze immer weiter entfernt waren. 133 v. Chr. versuchen die Gracchen als Volkstribunen Reformen, die das Kleinbauerntum, die Stütze der Gesellschaft, wiederherstellen sollten, aber im Senat keine Mehrheit fanden. Gerade dieses Vorhaben stürzte die Republik noch tiefer in die Krise, denn ab jetzt stehen sich die Optimaten als Senatsvertreter und die Popularen als Volksvertreter unvereinbar gegenüber. Marius versuchte später, das Problem durch Schaffung einer Berufsarmee zu lösen; verarmte Männer wurden durch Lohn und Privilegien wie Landversorgung nach Dienstende angezogen. Dadurch erwuchs aber das neue Problem, woher dieses Land kommen sollte; zudem wurde die Klientel immer wichtiger, was gerade beim Feldherrn als Patron seiner Soldaten mit sich brachte, dass die Soldaten auf Gedeih und Verderb auf ihn eingeschworen waren. All das nutzte Cäsar, der als Erster eine ernstzunehmende Opposition außerhalb des zerstrittenen und selbstverliebten Senats schuf, indem er mit dem Triumvirat Geld, Prestige und Soldaten bündelte, alles zunehmend vermehrte und schließlich den Bürgerkrieg begann und seine Alleinherrschaft durchsetzte. Dies war das Ende der republikanischen Verfassung, die als Mischverfassung demokratische (Volksversammlung), monarchische (Konsuln, *dictator* in Notzeiten) und aristokratische (Senat) Elemente verband und deren Grundprinzip darin bestand, Macht zu teilen (Kollegialität) und zeitlich zu begrenzen (Annuität, Iterationsverbot) – Cäsar war *dictator perpetuus,* also Alleinherrscher ohne Begrenzung. Deswegen wurde er ermordet, aber das Ende der Republik war unaufhaltsam und nötig, auch wenn u. a. Cicero in seiner Feststellung, die *res publica* sei verloren, immer wieder auf deren Wiederherstellung drängte. Es darf dahingestellt bleiben, wie viel mehr wir heute, wenn wir in Eurokrise, Globalisierung, Energie usw. immer von Innovation, Wandel und Wende sprechen, bewegen oder wohin wir sehenden Auges marschieren.

14. Benimm per Gesetz – eine gute Idee!?

Text 1: ep. IX,5   C

Tibi, summe Rheni domitor et parens orbis,   domitor: Bezwinger
pudice princeps, gratias agunt urbes:
Populos habebunt; parere iam scelus non est.   secare: beschneiden/mango: Sklavenhändler
Non puer avari sectus arte mangonis
virilitatis damna maeret ereptae,   virilitas: Männlichkeit
nec quam superbus conputet stipem leno   stips: Geld/conputare: zuteilen/leno: Kuppler, Zuhälter
dat prostituto misera mater infanti.
Qui nec cubili fuerat ante te quondam,   cubilis: Ehebett
pudor esse per te coepit et lupanari.   lupanar: Bordell

Text 1: ep. IX,5   B

Summe domitor Rheni et parens orbis,   domitor: Bezwinger
pudice princeps:
Tibi urbes gratias agunt: gratias agere: danken
Populos habebunt;
parere non iam scelus est.   parere: Kinder auf die Welt bringen
Non puer
arte avari mangonis sectus   mango: Sklavenhändler/secare: beschneiden
damna virilitatis ereptae maeret,   virilitas: Männlichkeit
nec misera mater prostituto infanti stipem,   stips: Geld
    quam superbus leno conputet   conputare: zuteilen/leno: Kuppler, Zuhälter
dat.
Pudor,
    qui ante te quondam nec cubili fuerat,   cubilis, -is: Ehebett/Dat. +*esse*: zu eigen sein/nec: nicht einmal
per te et lupanari esse coepit.   lupanar, -is: Bordell

Text 1: ep. IX,5   **A**

_____ Bezwinger _____ und Vater _____,

ehrbarer _____: Dir danken _____: Sie wer-

den _____, Gebären ist _____.

Kein _____, der durch den Eingriff eines gierigen Sklavenhändlers verstümmelt wurde,

trauert um den Verlust der gestohlenen Männlichkeit, und auch keine _____ gibt

ihrem zur Prostitution gezwungenen _____ das Geld, das ein _____ Kuppler

veranschlagt. _____, _____ nicht einmal in einem Ehebett zu

finden war, _____ dank dir sogar in einem Bordell heimisch zu sein.

Für alle:
1. Markiere alle Adjektive/Partizipien und deren Bezugswörter.
2. Stelle alle Aussagen über den Kaiser zusammen.
3. Markiere in allen Hauptsätzen Subjekt und Prädikat Nenne je die Grundform.
4. Stelle alle Ausdrücke aus dem Sachfeld »Sitte« zusammen.

Text 2: ep. VI,4   **ABC**

Censor maxime principumque princeps,

cum tot iam tibi debeat triumphos,   debeat: Subjekt ist *Roma*

tot nascentia templa, tot renata,   (re)nasci, renascor, renatus sum: gründen/erneuern

tot spectacula, tot deos, tot urbes:

Plus debet tibi Roma, quod pudica est.

Für alle:
1. Nenne und begründe den Kasus von *censor* und *princeps*.
2. Informiere dich über den jeweiligen Bedeutungsgehalt dieser Wörter.
3. Bestimme die Sinnrichtung von *cum*.

Interpretation
Stufe A:
Beide Gedichte sind an Kaiser Domitian gerichtet und beziehen sich auf dessen Erneuerung von Sittengesetzen. Formuliere in eigenen Worten, wofür Martial den Kaiser rühmt.

Stufe B:
Bearbeite A und argumentiere zusätzlich mit der Stilistik; beurteile die Aussage.

Stufe C:
Bearbeite B. Beurteile den Umstand, dass im sechsten Buch viele Gedichte von Domitians Sittengesetzgebung handeln, zum einen vom Lobpreis, zum anderen aber auch von Möglichkeiten, diese zu umgehen, und dem faktischen Scheitern der Gesetze an der Realität. Gerade diesem Buch stellt Martial ein Epigramm voran, in dem er aus Angst vor Zensur einen Freund um Durchsicht des Buches bittet.

Hic et Nunc!
Wähle eine der drei folgenden Aufgaben aus und bearbeite sie. Je ein Ergebnis zu jeder Aufgabe wird anschließend der ganzen Lerngruppe vorgestellt und diskutiert.
1. Sammle Beispiele zu deutschen Gesetzen, in denen der Staat versucht, in das sittliche Leben der Gesellschaft einzugreifen (z. B. § 175 StGB, § 218 StGB).
2. Suche nach weitere Instanzen und Institutionen, die den Anspruch erheben, auf eben dieses einzuwirken. Finde dabei heraus, in welchen Bereichen es verschiedene Auffassungen gibt und wie sich die Beurteilung dieser Fragen im Laufe der Zeit wandelte.
3. Beziehe die »Hintergründe« mit ein: Hat ein Gesetz wie die *lex Iulia* deiner Meinung nach Erfolgsaussichten?

Hintergründe: Die *lex Iulia de adulteriis coercendis*

Die *lex Iulia de adulteriis coercendis* war ursprünglich eines der Gesetze von Kaiser Augustus, der sich zum Ziel gesetzt hatte, die verkommenen Sitten der Republik bzw. der einflussreichen und besitzenden Oberschicht durch Gesetze zu erneuern. Dabei versuchte er, (standesgemäße) Ehe und Familie zu stärken, d. h. es wurde nicht nur Ehebruch verboten, sondern auch die Ehe zur Pflicht gemacht. Kinderreichtum wurde belohnt, Ledige und Kinderlose wurden benachteiligt, u. a. beim Erbrecht. Scheidung wurde fast unmöglich, Wiederheirat nach dem Tod faktisch Pflicht.

Als Ehebruch galt das Einbrechen eines Mannes in die Ehe einer anderen Frau mit deren Einwilligung. Das Gesetz verbot aber auch den Verkehr mit Witwen und unverheirateten Frauen; es geht demnach um die Wahrung ehelicher Treue. Sie ist von Mann und Frau zu wahren. Schuldig macht sich aber der Ehemann nur in Bezug auf die Ehe der Frau, mit der er fremdgeht. Täter ist der Mann, die Frau, sofern sie ehrenhaft lebt, zu schützendes Opfer. Nicht erfasst sind Vergewaltigung (die anderweitig sanktioniert wird) und Verkehr mit Prostituierten und anderen unehrenhaften Personen. Bestraft wurden beide Beteiligte, v. a. mittels einer Vermögensstrafe, da der Verkehr ja einvernehmlich geschah. Unter bestimmten Bedingungen war aber auch die Tötung der Ehebrecherin straffrei möglich. Eine soziale Brandmarkung war mit weitreichenden Konsequenzen, z. B. dem Verbot einer Wiederheirat der Frau, von der sich der betrogene Ehemann trennen musste. Auch Beihilfe zum und Vertuschen von Ehebruch war strafbar.

Das Gesetz war kaum durchsetzbar und kontrollierbar, es versuchte, tief ins Privatleben der Bürger einzudringen. Obwohl schon Augustus sah, dass sie ihr Ziel verfehlten, wurden sie erst im 6. Jahrhundert aufgehoben.

15. Das echte Leben: Die Wirklichkeit zur Idee

ep. VI,7 — C

Iulia lex populis ex quo, Faustine, renata est
atque intrare domos iussa Pudicitia est,
aut minus aut certe non plus tricesima lux est,
et nubit decimo iam Telesilla viro.
Quae nubit totiens, non nubit: adultera lege est.
Offendor moechā simpliciore minus.

Iulia lex: das Julische Gesetz [gegen Ehebruch]/ex quo: seit; Faustinus: [Eigenname]/renasci: wiedergeboren/erneuert werden/Pudicitia: die Keuschheit [personifizierte Gottheit]

aut minus aut certe non plus tricesima lux est: es sind weniger oder sicher nicht mehr als 30 Tage vergangen/nubere + Dat.: heiraten/Telesilla: [Eigenname]

totiens: so oft/offendi: hier: angeekelt werden/

moecha: Ehebrecherin/simplex: aufrichtig

ep. VI,45 — B

Lusistis, satis est: Lascivi nubite cunni!
Permissa est vobis non nisi casta Venus.
Haec est casta Venus? Nubit Laetoria Lygdo:
turpius uxor erit quam modo moecha fuit.

nubere + Dat.: jmd. heiraten/lascivus: unanständig/cunnus: hier: Schlampe

non nisi: ausschließlich/castus: anständig/Venus: hier: (geschlechtliche) Liebe/Laetoria, Lygdus: [Eigennamen]

modo: gerade eben noch/moecha: Ehebrecherin

ep. VI,90 und VI,91 — A

Moechum Gellia non habet nisi unum.
Turpe est hoc magis: uxor est duorum.

moechus: Liebhaber, Ehebrecher/Gellia: [Eigenname]/non ... nisi/unum: nur einen einzigen

Sancta ducis summi prohibet censura vetatque
moechari. Gaude, Zoile: non futuis.

vetare: verbieten

moechari: fremdgehen/Zoilus: [Eigenname]; futuere: Sex [mit einer Frau] haben

Für alle:
1. Erstelle, ausgehend von den Texten, das Sachfeld »Ehe«.
2. Stelle alle Ausdrücke zusammen, die Gegensätze markieren.
3. Markiere jeweils alle Hyperbata und überlege, aus welchen Gründen sie wohl gesetzt werden.
4. Markiere jeweils die Angesprochenen; was fällt dir auf?

Interpretation

Stufe A:
Erkläre, wie die Angesprochenen jeweils die *lex Iulia,* ein Gesetz gegen Ehebruch, umgehen.

Stufe B:
Versuche, die *lex Iulia* zu rekonstruieren: Was wird sanktioniert? Für welche Personen gilt das Gesetz? Was ist die Intention des Gesetzes? Welchen Erfolg hatte es? Ziehe auch ep. VI,2 (s. u.) heran.

Stufe C:
Stelle dar, wie Martial zu Domitian und seinem Gesetz steht; ziehe ep. VI,2 und VI,4 (Text 14) bei. Beurteile, ob Martial Kaiser oder Gesellschaft kritisiert.

---

ep. VI,2

Lusus erat sacrae conubia taedae,
lusus et immeritos exsecuisse mares.
Ultraque tu prohibes, Caesar, populisque futuris
succurris, nasci quos sine fraude iubes.
Nec spado iam nec moechus erit te praeside quisquam:
at prius – o mores – et spado moechus erat.

Ein Spiel war es, die durch die Fackel geheiligten Ehen zu brechen, ein Spiel auch, unschuldige Männer zu kastrieren. Beides verbietest du, Kaiser, und hilfst den kommenden Völkern, die du ohne Betrug auf die Welt zu kommen heißt. Keiner wird mehr unter deiner Aufsicht Eunuch oder Ehebrecher; früher aber, ja da war ja sogar der Eunuch noch Ehebrecher!

Hic et Nunc!
Wähle eine der drei folgenden Aufgaben aus und bearbeite sie. Je ein Ergebnis zu jeder Aufgabe wird anschließend der ganzen Lerngruppe vorgestellt und diskutiert.
1. Sammle aus Geschichte und Gegenwart Beispiele dafür, wie andere Staaten versuchen, in die intimsten Belange ihrer Bürger einzugreifen.
2. Untersucht in der Gruppe, ob sie Erfolg haben, und diskutiert die Frage, wie weit der Staat hier gehen darf.
3. Beziehe die »Hintergründe« mit ein: Beschreibe und deute die Informationen der Infografik.

Hintergründe: Menschenrechte

Ein Sprichwort besagt: »Gut gemeint ist das Gegenteil von gut gemacht«; so mag es nicht überraschen, dass es zwar eine UN-Menschenrechtscharta gibt, diese aber oft missachtet wird. Die Grafik zeigt die aktuelle Lage in Europa.

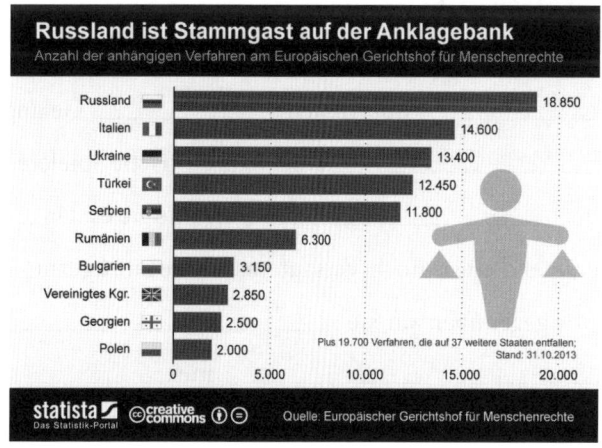

16. Sexualität

Text 1: ep. IX,67   C

Lascivam totā possedi nocte puellam,   lascivus: freizügig
cuius nequitias vincere nulla potest.   nequitia: Versautheit
Fessus mille modis illud puerile poposci: modus: hier: Spielart/illud puerile: hier: eine erotische Spielerei
Ante preces totas primaque verba dedit.
Inprobius quiddam ridensque rubensque rogavi: inprobus: hier: unanständig/rubere: erröten
Pollicita est nullā luxuriosa morā.   luxuriosus: geil
Sed mihi pura* fuit; tibi non erit, Aeschyle, si vis   * Sh. Fragen zum Text
accipere hoc munus conditione* malā.

Text 1: ep. IX,67   B

Lascivam puellam totā nocte possedi,   lascivus: freizügig
    cuius nequitias nulla vincere potest.   nequitia: Versautheit
Fessus mille modis illud puerile poposci: modus: hier: Spielart/illud puerile: hier: eine erotische Spielerei/dare:
Ante preces totas primaque verba dedit.   hier: erfüllen
Inprobius quiddam ridensque rubensque rogavi: inprobus: hier: unanständig/rubere: erröten
Pollicita est luxuriosa nullā morā.   luxuriosus: geil
Sed mihi pura* fuit;   *Vgl. unten: Für alle, Aufgabe 3.
tibi non erit, Aeschyle,
    si hoc munus conditione* malā accipere vis.

Text 1: ep. IX,67   A

_____ die ganze _____ ein freizügiges _____, deren Versautheit _____ übertreffen _____. Gelangweilt von den _____ Spielarten _____ eine neue erotische Spielerei: Noch vor _____ und den _____ erfüllte sie es. Da _____ und errötend etwas noch Versauteres: Ohne zu zögern _____ es die Geile. Aber: Mir gegenüber war sie _____; _____ wird sie es nicht sein, Äschylos, wenn du _____ mit _____ annehmen willst.

Für alle:
1. Bestimme alle Prädikate nach PNMTG!
2. Markiere die Verse, die Selbstaussagen über den Sprecher enthalten, rot. Solche, die Aussagen über das Mädchen enthalten, grün. Was fällt dir auf?
3. Finde eine treffende Übersetzung für *conditio mala* bzw. *pura*.

Text 2: ep. XI,104 C

Uxor, vade foras aut moribus utere nostris!	foras: nach draußen
Non sum ego nec Curius nec Numa nec Tatius.	Curius/Numa/Tatius: [Eigennamen; Musterbeispiele für Anstand, Sitte und Charakterstärke]/trahere: hier: in die Länge ziehen; poculum: Getränk
Me iucunda iuvant tractae per pocula noctes –	
tu properas pota surgere tristis aqua.	potus: PPP zu potare: trinken
Tu tenebris gaudes – me ludere teste lucerna	testis: Zeuge/teste lucerna: nominaler *abl. abs.*
et iuvat admissa rumpere luce latus.	latus rumpere: Sex haben
Fascia te tunicaeque obscuraque pallia celant –	fascia: Wickelband/pallium: Mantel/celare: verhüllen
at mihi nulla satis nuda puella iacet.	
Basia me capiunt blandas imitata columbas –	basium: Kuss/blanda columba: Turteltaube
tu mihi das, aviae qualia mane soles.	avia: Oma
Nec motu dignaris opus nec voce iuvare	
nec digitis, tamquam tura merumque pares:	dignari + Inf.: geruhen, etw. zu tun/opus: hier: Geschlechtsakt/tus, -ris: Weihrauch/merum: Opferwein
masturbabantur Phrygii post ostia servi,	ostium: Tür
Hectoreo quotiens sederat uxor equo,	
et quamvis Ithaco stertente pudica solebat	stertere: schnarchen/pudicus: anständig
illic Penelope semper habere manum.	illic: dort
Pedicare negas: Dabat hoc Cornelia Graccho,	pedicare: es von hinten machen/Cornelia/Gracchus/Iulia/Pompeius/Porcia/Brutus: [Eigennamen; berühmte Römer und deren Ehefrauen]/miscere: kredenzen
Iulia Pompeio, Porcia, Brute, tibi;	
dulcia Dardanio nondum miscente ministro	
pocula Iuno fuit pro Ganymede Iovi.	poculum: Kelch/Ganymed: [Eigenname; schöner Jüngling und Geliebter Jupiters]
Si te delectat gravitas, Lucretia toto	Lucretia: [Eigenname; Musterbeispiel für Sittlichkeit: Sie brachte sich lieber um, als mit der Schmach zu leben, vergewaltigt worden zu sein]
sis licet usque die: Laida nocte volo.	Lais: [Eigenname; berühmte Hetäre]/toto usque die: den lieben langen Tag lang

Text 2: ep. XI,104   B

Uxor: Vade foras aut utere moribus nostris!	vadere foras: verschwinden/utere: Imp.Sg. zu *uti*
Non sum ego nec Curius nec Numa nec Tatius.	Curius/Numa/Tatius: [Eigennamen; Musterbeispiele für Anstand, Sitte und Charakterstärke]
Me noctes per pocula iucunda tractae iuvant –	trahere: hier: in die Länge ziehen/per pocula iucunda: bei angenehmem Trank
tu tristis surgere properas	surgere: aufbrechen
potā aquā.	potus: PPP zu potare: trinken
Tu tenebris gaudes –	tenebrae: Dunkelheit
me iuvat	
teste lucernā	teste lucerna: bei Lichtschein
ludere et	ludere: hier: sich im Bett vergnügen
admissā luce	admissa luce: *abl.abs.*
latus rumpere.	latus rumpere: Sex haben
Fascia tunicaeque obscuraque pallia te celant –	fascia: Wickelband/obscurus: dunkel/pallium: Mantel/celare: verhüllen
at mihi nulla puella satis nuda iacet.	mihi iacere: mir liegen
Basia me capiunt	basium: Kuss
blandas columbas imitata –	blanda columba: Turteltaube
tu mihi das [basia],	imitari: Deponens!
qualia mane aviae [dare] soles.	mane: in der Frühe/avia: Oma
Nec motu nec voce nec digitis opus iuvare dignaris,	dignari +Inf.: geruhen, etw. zu tun/opus: hier: Geschlechtsakt
tamquam tura merumque pares:	tamquam +Konj.: so als ob/tus, -ris: Weihrauch/merum: Opferwein
Phrygii servi post ostia masturbabantur,	post ostia: hinter der Tür
quotiens uxor Hectoreo equo sederat,	Hectoreus: Adj. zu *Hector* [Penelopes Mann]
et pudica Penelope solebat	pudicus: anständig
quamvis Ithaco stertente	quamvis: wie sehr auch/Ithacus: der Ithaker [Penelopes Mann Odysseus]/stertere: schnarchen
illic semper manum habere.	illic: dort
Pedicare negas:	pedicare: es von hinten machen
Cornelia Graccho, Iulia Pompeio, Porcia tibi, Brute,	Cornelia/Gracchus/Iulia/Pompeius/Porcia/Brutus: [Eigennamen; berühmte Römer und deren Ehefrauen]
hoc dabat.	Ganymed: [Eigenname; schöner Jüngling und Geliebter Jupiters]; Iuno Iovi fuit: Juno bediente Jupiter/poculum: Kelch; miscere: kredenzen
Iuno Iovi pro Ganymede fuit	
Dardanio ministro nondum dulcia pocula miscente.	
Si gravitas te delectat,	gravitas: Sittenstrenge
Lucretia licet sis usque toto die:	Lucretia: [Eigenname; Musterbeispiel für Sittlichkeit: Sie brachte sich lieber um, als mit der Schmach zu leben, vergewaltigt worden zu sein]/licet sis: du darfst ruhig sein/usque toto die: den lieben langen Tag lang/Lais: [Eigenname; berühmte Hetäre]
Laida nocte volo.	

Text 2: ep. XI,104 A

_____: Verschwinde oder pass dich an meine Gepflogenheiten an! _____ _____ weder Curius noch Numa noch Tatius. Mir machen durchzechte Nächte Spaß, du hast es eilig, _____, nachdem du nur _____.

Du _____ an Dunkelheit, mir macht es Spaß, mich unter der Lampe zu vergnügen und _____ Sex zu haben. Wickelbänder, Tuniken und dunkle Mäntel verhüllen dich – mir liegt aber _____ nackt _____.

Ich will Küsse, die Turteltauben nachahmen – du _____ nur solche, wie du sie morgens auch deiner Oma gibst. Du geruhst weder, den Akt _____ zu _____ noch _____ oder _____, als ob du Weihrauch oder Wein zubereiten würdest.

Die phrygischen Sklaven holten sich hinter der Tür einen runter, sooft _____ auf Hektor geritten war, und die _____ Penelope hatte normalerweise _____ darauf liegen, selbst wenn der Ithaker tief und fest schlief. _____, es von hinten zu machen: Cornelia machte es so Gracchus, Julia Pompeius, Porcia dir, Brutus. Juno war an Ganymeds Stelle, als der dardanische Diener _____ Kelche _____. Wenn Würde _____, darfst du getrost _____ Lukrezia sein; Lais aber _____.

Für alle:
1. Markiere alle Prädikate im Präsens blau, in Vergangenheitstempora gelb. Was fällt dir auf?
2. Das Gedicht berichtet, was dem Sprecher und was seiner Frau Vergnügen bereitet. Markiere die Verse (Text von Stufe C): Rot solche, die sich auf den Sprecher beziehen, grün solche, die sich auf seine Frau beziehen. Was fällt dir auf?
3. Informiere dich über die im Text genannten Eigennamen.
4. Markiere und bestimme alle Ablativi absoluti!

Interpretation
Zu ep. IX,67
Stufe A:
1. Das Gedicht lässt sich in zwei Teile gliedern: V. 1-6 (Erwartung) und V. 7 f. (Aufschluss). Belege diese Gliederung am Text und formuliere nach V. 6 deine Erwartungshaltung.
2. Untersuche die Verse 1-6: Liegt bei den drei Verspaaren eine Steigerung vor?
3. Arbeite Martials Einstellung zur Sexualität heraus.

Stufe B:
1. Bearbeite A.
2. Untersuche die Verse 1-6: Liegt eine Dreigliedrigkeit vor?
3. Ergänze Martials Einstellung zur Sexualität dort, wo er sie nur in Anspielungen benennt.

Stufe C:
1. Bearbeite B.
2. Untersuche Vers 1 stilistisch und zeige, wie die Stilmittel die Aussage untermalen.

Zu ep. XI,104
Stufe A:
Stelle die Ansichten *(mores nostri)* des Sprechers denen seiner Frau gegenüber. Ergänze dort, wo er sie nicht explizit oder nur in Anspielungen benennt.

Stufe B:
1. Bearbeite A und deute die historisch-mythologischen Anspielungen.
2. Penelope wird als *pudica* bezeichnet, *gravitas* als römisches Ideal der Sittenstrenge abgewertet. Erläutere vor diesem Hintergrund Martials Einstellung zu Sexualität, wie sie in diesem Gedicht deutlich wird.

Stufe C:
1. Bearbeite B.
2. Vergleiche die beiden übersetzten Epigramme. Erweitere ggf. deine Ergebnisse zu Martials Einstellung.

Hic et Nunc!
Wähle eine der drei folgenden Aufgaben aus und bearbeite sie. Je ein Ergebnis zu jeder Aufgabe wird anschließend der ganzen Lerngruppe vorgestellt und diskutiert.
1. Zeichne den Umriss eines Mädchens/Jungen und gestalte mit Text und Bild die Collage: »Mein/e perfekte/r Partner/in«. Überlege, wie du auch die inneren Werte gestalten kannst.
2. Suche nach einem oder mehreren deutschen Gedichten mit vergleichbarer Thematik.
3. Beziehe die »Hintergründe« mit ein: Informiere dich mit einer Internetrecherche über sexuelle Tabus im alten Rom. Vergleiche mit heute.

Hintergründe: Sexualität

Will Martial den Menschen und seine ungeschminkte Lebenswirklichkeit beschreiben, darf er natürlich an der Sexualität nicht vorbeigehen. Alle Gesellschaften kennen sexuelle Tabus und Vorschriften, sie sind aber nicht überall identisch. So war das Rom der Kaiserzeit verglichen mit heute sehr liberal, Darstellungen von Sexualität waren normal; entsprechend tritt Martial auch nicht als Moralist auf, sondern belustigt sich nur über Menschen, die gegen Tabus verstoßen oder sonstwie auffällig werden. Aus einem Querschnitt durch die erotischen Gedichte Martials lassen sich einige Linien nachzeichnen: Prostitution war in Rom alltäglich und für jedermann erschwinglich und auch durch die Ehegesetze nicht erfasst, die nur verheiratete freie Frauen betrafen. Der Besuch des Bordells war die beste Möglichkeit, Praktiken zu vollziehen, die in der Ehe verpönt waren. Dazu gehörten v. a. solche, bei denen der Mann nicht den aktiven Part einnimmt, auch Homosexualität, Fetischismus, metrosexuelle Modeerscheinungen usw. Inzestöse und sodomistische Verbindungen jeder Art und alles, was den Menschen entehrt, war Tabus unterworfen. Ein Mann hatte männlich zu sein, was ihm auch sexuelle Freiheiten außerhalb der Ehe erlaubte. In der Ehe hingegen war Sexualität mehr oder minder auf die Zeugung beschränkt.

17. Liebe

Text 1: Martial, ep. I,32

Non amo te, Sabidi, nec possum dicere, quare.   Sabidius: [Eigenname]

Hoc tantum possum dicere: Non amo te.

Text 2: Catull, c.85

Odi et amo; quare id faciam, fortasse requiris.   quare: warum/requirere: ≈ *quaerere*

Nescio, sed fieri sentio et excrucior.   excruciare: quälen

Text 3: Martial, ep. XII,46

Difficilis facilis, iucundus acerbus es idem: acerbus: bitter/idem: hier: gleichzeitig

Nec tecum possum vivere nec sine te.

Text 4: Martial, ep. I,57

Qualem, Flacce, velim, quaeris nolimve puellam?   -ve: bzw.

Nolo nimis facilem difficilemque nimis.

Illud, quod medium est atque inter utrumque,   uterque: beide

probamus:

Nec volo, quod cruciat, nec volo, quod satiat.   cruciare: quälen/satiare: langweilen

Für alle:
1. Untersuche jeweils den Aufbau der Gedichte und zeige, wie mit Chiasmus, Parallelismus und Antithese gearbeitet wird.
2. Versuche, Sachfelder zu erschließen.

Interpretation

Stufe A:
1. Vergleiche Text 1 und Text 2 im Hinblick auf das Thema »Liebe«.
2. Untersuche Übersetzung 1 und vergleiche sie mit dem Original. Achte auf die Wortstellung (wird sie beibehalten oder verändert?), Beibehaltung der Verse, einzelne Wortübersetzungen (treffend? daneben? entstellend? …) usw.

> **Übersetzung 1: Harry C. Schnur, Martial. Epigramme. Stuttgart 1984, 22**
> *Antipathie*
> Ausstehen kann ich dich nicht. Warum? Das kann ich nicht sagen.
> Eines nur weiß ich gewiß: ausstehen kann ich dich nicht.

Stufe B:
1. Vergleiche Text 1 und Text 3.
2. Untersuche Übersetzung 2 und vergleiche sie mit dem Original. Achte auf die Wortstellung (wird sie beibehalten oder verändert?), Beibehaltung der Verse, einzelne Wortübersetzungen (treffend? daneben? entstellend? …) usw.
3. Beurteile die Qualität der Übersetzung.

> **Übersetzung 2: Walter Hofmann, Martial. Epigramme. Von Dirnen, Gaunern, Gladiatoren. Frankfurt/Main; Leipzig 2000, 38**
> *Abneigung*
> Sabidius, du liegst mir sehr im Magen.
>   Warum, kann ich nicht sagen.
> Nur dieses kann ich sagen:
>   Du liegst mir sehr im Magen.

Stufe C:
1. Vergleiche Text 1 und Text 4.
2. Untersuche Übersetzung 3; bestimme, welche Art der Übersetzung vorliegt und vergleiche sie mit dem Original. Achte auf die Wortstellung (wird sie beibehalten oder verändert?), Beibehaltung der Verse, einzelne Wortübersetzungen (treffend? daneben? entstellend? …) und sonstige Veränderungen. Beurteile die Qualität der Übersetzung und versuche, eventuelle Mängel zu verbessern.

> **Übersetzung 3: Anonym; zitiert in: Henry G. Bohn: The epigrams of Martial. Translated into English prose. London 1860, 39**
> »The following lines, in imitation of this epigram, were made by some Oxford wit, on Dr John Fell, Bishop of Oxford, who died in 1686.«
>
> I do not love thee, Doctor Fell;
> The reason why I cannot tell.
> But this I know sure, I know full well:
> I do not love thee, Doctor Fell.

Hic et nunc!
Wähle eine der drei folgenden Aufgaben aus und bearbeite sie. Je ein Ergebnis zu jeder Aufgabe wird anschließend der ganzen Lerngruppe vorgestellt und diskutiert.
1. Verfasse zu einem Thema deiner Wahl einen Zweizeiler und versuche, das Aufbauschema nachzuahmen. Überlege, welche Themen sich eignen. Vielleicht gelingt es dir sogar, das Versmaß zu berücksichtigen.
2. Beschreibe die Abbildung. Welche intertextuellen Bezüge muss man kennen, um sie zu deuten?
3. Beziehe die »Hintergründe« mit ein: Informiere dich über die wichtigsten Inhalte von Homers Odyssee und Vergils Aeneis. Welche Parallelen kannst du feststellen?

Hintergründe: Intertextualität

Die Intertextualität geht – vereinfacht gesagt – davon aus, dass ein Text nicht zu verstehen ist, wenn man nicht die vielfältigen Beziehungen berücksichtigt, in die er während seiner Entstehung eingebettet war. Es wird also weniger das Endprodukt untersucht als vielmehr der Prozess der Entstehung, in den Vorstellungen, Begriffe usw. einfließen, die man am ehesten über andere Texte fassen kann, die ihrerseits wieder einen Entstehungsprozess durchlaufen haben. Texte werden entweder direkt zitiert
bzw. übernommen oder finden sich in Anspielungen oder Verfremdungen. Die Frage, ab wann man bei einer Bezugnahme oder Übernahme von Plagiat sprechen muss, ist oft schwer zu entscheiden. Bei wissenschaftlichen Arbeiten ist immer eine korrekte Quellenangabe vorzunehmen, wenn man Gedanken wörtlich oder sinngemäß übernimmt, um über jeden Zweifel erhaben zu sein. Bei Gedichten ist das nicht so einfach!

Wenn Martial Cicero wörtlich zitiert, wenn er schreibt: *Dixerat ›O mores! O tempora!‹ Tullius olim* (*ep.* IX,70), so versteht man dies nur, wenn man weiß, in welchem Zusammenhang der historische Marcus Tullius Cicero dies gesagt hatte, was er damit erreichen wollte, welche Vorstellungen sich an die *mores* knüpften usw. Ohne dieses Wissen ist nicht verständlich, was Cicero und Martial so verärgert.

Ebenso muss man wissen, dass römische Literatur allgemein nicht ohne griechische Vorlagen zu denken ist, *imitatio* (Nachahmung) ist ebenso tragendes Prinzip wie *aemulatio* (wetteifern). Die römischen Schriftsteller versuchen, die Quellen, auf die sie sich berufen, zu übertreffen und zu vollenden; so ist Vergils *Aeneis* die römische Nachahmung von Homers *Odyssee* und *Ilias,* der Vergil sein eigenes Gepräge gibt – was man aber ohne Kenntnis der Vorlage nicht versteht. Phädrus betont sogar, seine Äsop'sche Vorlage zu vollenden. Oft sind die Vorlagen so verfremdet (bzw. sogar verloren gegangen), dass man nur noch Vermutungen anstellen kann.

18. Leben und Tod

Text 1: ep. I,8   C

Quod magni Thraseae consummatique Catonis   Thrasea/Cato: [Eigennamen; berühmte Stoiker]/dogma (Akk.Pl.: dog-
dogmata sic sequeris, salvus ut esse velis,   mata): Lehre/sequi: hier: befolgen/salvus: gesund
pectore nec nudo strictos incurris in ensis,   ensis: Schwert
quod fecisse velim te, Deciane, facis.
Nolo virum, facili redemit qui sanguine famam,   redimere: erwerben
hunc volo, laudari qui sine morte potest.

Text 1: ep. I,8   B

   Quod dogmata magni Thraseae consummatique   Thrasea/Cato: [Eigenname; berühmter Stoiker]/dogma (Akk.Pl.: dog-
      Catonis sic sequeris,   mata): Lehre/consummatus: erhaben, vollendet/sequi: hier: befolgen
         ut salvus esse velis,   salvus: gesund
      nec pectore nudo in ensis strictos incurris,   ensis: Schwert
facis,
      quod velim
         te, Deciane, fecisse.
Nolo virum,
      qui facili sanguine famam redimit,   redimere: erwerben
[sed] hunc [virum] volo,
      qui sine morte laudari potest.

Text 1: ep. I,8   A

Weil du die Lehren _____ und des _____ Cato so
_____, dass du _____ und deshalb nicht
_____ in das gezückte _____, machst du das, wovon
auch ich wollte, dass du, Decianus, es gemacht hättest: _____, der mit
eilfertigem Blut _____, sondern _____ einen, der
_____ gelobt werden kann.

Für alle:
1. Stelle alle Formen von *velle* und *nolle* zusammen, bestimme sie nach PNMTG und begründe die jeweilige Form.
2. Unterscheide die beiden Formen von *quod*.
3. Markiere alle Adjektive/Partizipien und ihre Bezugswörter; bestimme sie nach KNG und suche im Wörterbuch treffende Übersetzungen.

Text 2: ep. XI,56 C

Quod nimium mortem, Chaeremon Stoice, laudas,	Chaeremon: [Eigenname; ein Stoiker]
vis animum mirer suspiciamque tuum?	
Hanc tibi virtutem fractā facit urceus ansā,	urceus: Wasserkrug/ansa: Henkel
et tristis, nullo qui tepet igne, focus,	tepere: warm sein/focus: Herd
et teges et cimex et nudi sponda grabati	teges: Strohmatte/cimex: Wanze/nudi sponda grabati: nacktes Bettgestell
et brevis atque eadem nocte dieque toga.	
O quam magnus homo es, qui faece rubentis aceti	faex, faecis: Bodensatz/rubens acetum: Rotweinessig/stipula: Stroh/
et stipulā et nigro pane carere potes!	carere + Abl.: verzichten auf
Leuconicis agedum tumeat tibi culcita lanis	agedum: okay!/culcita: Polster/Leuconica lana: leukonische Wolle [Luxusgut]/tumere + Abl.: strotzen vor/purpura pexa: purpurne Wolldecke/Caecubum: Käkuberwein [edelste Weingegend]
constringatque tuos purpura pexa toros,	
dormiat et, tecum modo qui, dum Caecuba miscet,	
convivas roseo torserat ore, puer:	torquere: hier: den Kopf verdrehen/roseum os: Rosenmund
O quam tu cupies ter vivere Nestoris annos	quam: hier: wie sehr
et nihil ex ulla perdere luce voles!	
Rebus in angustis facile est contemnere vitam:	contemnere: verachten
Fortiter ille facit, qui miser esse potest.	

Text 2: ep. XI,56 B

Chaeremon Stoice:	Chaeremon: [Eigenname; ein Stoiker]
Quod mortem nimium laudas,	
vis,	
[ut] animum tuum mirer et suspiciam?	mirari: bewundern/suspicere: hier: aufschauen zu etw.
Urceus fractā ansā et tristis focus,	urceus: Wasserkrug/ansa: Henkel/focus: Herd
qui nullo igne tepet,	tepere: warm sein
et teges et cimex et nudi sponda grabati et brevis atque eadem nocte dieque toga tibi hanc virtutem facit.	teges: Strohmatte/cimex: Wanze/nudi sponda grabati: nacktes Bettgestell/brevis atque eadem nocte dieque toga: die kurze, am Tag und in der Nacht ständig getragene Toga
O quam magnus homo es,	
qui faece rubentis aceti et stipulā et nigro pane carere potes!	faex, faecis: Bodensatz/rubens acetum: Rotweinessig/stipula: Stroh/carere + Abl.: verzichten auf
Agedum:	agedum: okay!
Tumeat tibi culcita Leuconicis lanis	culcita: Polster/Leuconica lana: leukonische Wolle [Luxusgut]/tumere + Abl.: strotzen vor/purpura pexa: purpurne Wolldecke
constringatque purpura pexa tuos toros,	

et dormiat tecum puer,
    qui modo convivas roseo ore torserat,   modo: gerade eben noch/roseum os: Rosenmund/torquere: hier: den
    dum Caecuba miscet: Kopf verdrehen/Caecubum: Käkuberwein [edelste Weingegend]
O quam tu cupies ter vivere Nestoris annos   quam: hier: wie sehr nihil ex ulla luce: keinen einzigen Moment
et nihil ex ulla luce perdere voles!
In rebus angustis facile est contemnere vitam: contemnere: verachten
Fortiter ille facit,
    qui miser esse potest.

Text 2: ep. XI,56   A

Weil du gar so sehr _____, Stoiker Chäremon, soll ich

_____ aufschauen?! Diese _____ schenken dir

dein Krug mit dem zerbrochenen Henkel, dein trauriger Herd, der _____

warm ist, die Strohmatte, die Wanze, das nackte Bettgestell und die kurze, am Tag und in der Nacht

dauernd getragene _____. Was bist du doch für ein _____,

der du auf den Bodensatz von Rotweinessig, Stroh und _____ verzichten

_____! Okay! Es _____ dir das Polster von leukonischer Wolle

strotzen, eine purpurne Wolldecke auf deinem Bett _____, und der _____

mit dir schlafen, der gerade eben noch _____ den Kopf

verdreht _____, als er Käkuberwein _____: Menschenskinder, wie sehr wirst

du Nestors _____ dreimal _____ und keinen einzigen Moment

_____ wollen! In _____ ist es

_____ zu verachten: Tapfer handelt aber der,

_____ kann!

Für alle:
1. Markiere die Ausdrücke, die Reichtum bezeichnen, grün, diejenigen, die Armut bezeichnen, rot.
2. Umkringle alle Prädikate im Indikativ Präsens blau, alle im Konjunktiv Präsens schwarz, alle im Futur gelb.
3. Bestimme die semantische Funktion der Konjunktive.

Interpretation
Zu ep. I,8:
Stufe A:
1. Gliedere das Gedicht.
2. Durch *nolo* und *volo* werden in ep. I,8 zwei Prinzipien benannt, wie ein Mann leben soll. Arbeite diese heraus und zeige, wie man das gute Prinzip im Leben allgemein umsetzen kann.

Stufe B:
Bearbeite A. Zeige auf, wie Decian im Speziellen das gute Prinzip umsetzt. Untersuche, ob ein Gegenentwurf zu römischen Lebensprinzipien vorliegt.

Stufe C:
1. Bearbeite B. Informiere dich über Cato und Thrasea und zeige auf, warum Martial sie in diesem Epigramm benennt und wie er zu ihnen und ihren *dogmata* steht. Berücksichtige die Attribute.
2. Niklas Holzberg (Martial und das antike Epigramm. Darmstadt 2002, 76) kommentiert das Epigramm folgendermaßen:
»Manche Erklärer haben Martials Replik als ernsthafte philosophische oder politische Auseinandersetzung mit der Lehrmeinung des Patrons [Decian] verstehen wollen. [Dies trifft aber nicht zu.] Natürlich will ein Spaßvogel wie er nicht sterben, und er hat ja schon in I.1 großspurig behauptet, er sei *vivens* bereits *der toto notus in orbe*. Wie in I.8 wird er in mehreren Gedichten so tun, als habe er sich mit Ethik beschäftigt, aber das bleibt auch dort an der Oberfläche und ist gleichzeitig als die Äußerung eines Klienten, den seine soziale Lage zum Philosophieren treibt, zu durchschauen.«
Nimm kritisch Stellung zu Holzbergs These.

Zu ep. XI,56:
Stufe A:
1. Gliedere das Gedicht.
2. Zeige, was Chäremon unter *virtus* versteht.
3. Fasse die Kritik an der *persona* des Chäremon im Speziellen sowie das *vitium* im Allgemeinen in eigene Worte.
4. Belege (Text von Stufe C) eine *enumeratio* mit Polysyndeton sowie einen Chiasmus und zeige, wie die Stilistik die Aussage unterstützt.
5. Stelle inhaltliche Bezüge zu entsprechenden Epigrammen her.

Stufe B:
1. Bearbeite A.
2. Finde eine treffende Übersetzung für *virtus*.
3. Beurteile die Frage, ob mit Chaeremon Stoicus tatsächlich der historisch belegte Stoiker Chäremon gemeint ist, der an Neros Hof lebte und dessen Lehrer war.
4. Belege (Text von Stufe C) eine weitere *enumeratio* mit Polysyndeton sowie möglichst viele Hyperbata.

Stufe C:
1. Bearbeite B.
2. Beziehe die *virtus*-Definition des Stoikers Seneca (ep. 66,32) mit ein: »*virtus* ist nichts anderes als rechte Vernunft, alle *virtutes* sind Gebrauch der Vernunft, vernünftig sind sie aber nur, wenn man sie richtig gebraucht.«
3. Belege dein Urteil zur Person des Stoikers Chäremon am Text.
4. Belege (Text von Stufe C) zwei Trikola; untersuche, ob bei den *enumerationes* jeweils eine Klimax vorliegt, und suche weitere Stilmittel. Zeige, wie die Stilistik die Aussage unterstützt.
5. Beurteile, ob Martial eher dem Epikureismus oder der Stoa zugetan ist.

Hic et Nunc!
Wähle eine der drei folgenden Aufgaben aus und bearbeite sie. Je ein Ergebnis zu jeder Aufgabe wird anschließend der ganzen Lerngruppe vorgestellt und diskutiert.
1. Martial spricht nur vom *vir*. Formuliere das Gedicht so um, dass es ein Lebensprinzip für beide Geschlechter darlegt und den Wert von Leben allgemein begründet. Berücksichtige die Form des Gedichts. Formuliere dabei auch selbst ein Lebensprinzip, das dir Richtschnur sein könnte.
2. Seneca schreibt: »Man muss das ganze Leben lang lernen, zu leben; man muss aber auch das ganze Leben lang lernen, zu sterben.« Verfasse einen Gedankenspaziergang dazu: Warum muss man sterben? Was muss man lernen, um zu leben und sich auf den Tod vorzubereiten?
3. Beziehe die »Hintergründe« mit ein: Skizziere Martials Lebensbild und seine Meinung zum Leben. Teilst du sie?

Hintergründe: Leben und Tod in der antiken Philosophie

Der Tod war angesichts der geringeren Lebenserwartung und der höheren Sterblichkeit bei gleichzeitiger ständiger Bedrohung des Reiches allgegenwärtiges Thema der Menschen, an dem auch Literatur und Philosophie nicht vorbei konnten. Dieselben Fragen und Ängste treiben antike und moderne Menschen um, doch setzen die römischen Denker weniger auf Fragen nach dem Jenseits als auf Fragen nach dem Leben. Gestützt auf Platon und andere griechische Philosophen verstanden sie die Philosophie als Wegweiser für das Leben als Vorbereitung auf das Sterben: Leben heißt, sterben zu lernen, so Platon und die Stoa. »Erkenne dich selbst – als sterblich« darf somit oberster Grundsatz sein, um sich angesichts des immer nahen Todes auf das Wesentliche zu konzentrieren: auf das gelingende, erfüllende Leben, die rechte Beurteilung der Welt und ihrer Verheißungen. Der Stoiker Seneca fordert gleich in seinem ersten Brief, für sich selbst zu sorgen (*vindica te tibi;* das schließt auch die Sorge für die anderen mit ein), schließlich ist die Zeit des Menschen nicht nur begrenzt, sondern wird auch noch immer weniger: Täglich sterbe man. Die Seelenruhe, zu der man gelangen muss, nimmt einem die Angst vor dem Tod, weil man den Schicksalsschlägen und Widrigkeiten des Lebens gelassen begegnet und vernünftig handeln und urteilen kann. Für Platon gelangt die Seele nach der Trennung vom Körper zur vollen Erkenntnis, insofern strebt der Weise also in gewisser Hinsicht nach dem Tod als Befreiung der Seele aus ihrem Körpergefängnis.

Konkret ging es den Philosophen somit darum, den Menschen durch eine Lebensphilosophie die Angst vor dem Sterben zu nehmen. Als Epikureer zeigt der erste römische Philosoph Lukrez den Menschen, dass die Seele sterblich ist und der Tod daher keinen betreffen müsse, denn wo der Tod ist, existiert man nicht, und wo man existiert, ist kein Tod. Entsprechend muss man vor einem Jenseits keine Angst haben, weil es das nicht gibt, es existiert nur das Materielle im Hier und Jetzt, danach zerfällt der Mensch wieder in Atome, ohne etwas davon zu spüren, es gibt also Richter, Hölle, Schmerzen usw. genauso wenig wie eine Unterwelt, Paradies o.Ä.. Daher ist die Angst vor Tod und Göttern so überflüssig wie der Wunsch nach dem Tod als Ende aller Übel – eine unnötige Lähmung des Daseinsgenusses: Der Tod ist kein Übel, der überlegene Geist verachtet und ignoriert ihn.

Dies betrifft auch den Selbstmord. Die Frage, ob der Mensch den Tod ggf. selbst herbeiführen darf, stellt sich mitunter. Konsequenterweise lehnt Epikur den Selbstmord ab, denn es sei lächerlich, aus Angst vor dem Tod diesen auch noch selbst zu suchen, gleichwohl er ihn für den Fall, dass man unerträgliche und unheilbare Schmerzen hat, dennoch erlaubt: Dann ist die Unlust durch die Schmerzen zu hoch, als dass sie um der Lust zu leben willen in Kauf zu nehmen wären. Für die Stoa ist der Selbstmord hingegen sogar zu begehen, wenn ein vernünftiges Leben nicht (mehr) möglich, der Mensch nicht (mehr) in der Lage ist, seine Vernunft zu gebrauchen. Ansonsten gibt es kein Übel, das diesen Schritt rechtfertigen würde, denn die Welt, in der der Mensch steht, ist, auch wenn man sie nicht unbedingt versteht, sinnvoll und gut, d.h. auch die Übel sind gut und keine eigene Größe; etwas, auch den Tod, für ein Übel zu halten, ist ein falsches Urteil darüber: Alles ist irgendwie nützlich und gut, so wie es ist. Auch Epikur hält das Leben für lebenswert (vgl. *ad Men.* 126).

Martial selbst verurteilt Selbstmord, will lieber das Leben in bescheidener Erfüllung genießen. Ihm geht es immer um Sinn und Erfüllung. Danach strebt jeder, und es ist doch so einfach zu erreichen, wenn man sich nicht blenden lässt, sondern sich auf das Wesentliche, das Einfache, beschränkt. Wie auch immer dieses Leben aussieht, immer wieder mahnt Martial zu leben, denn das Leben es wert ist. Und zwar nicht morgen und nicht übermorgen:

VIVE HODIE!

19. Das Epigramm – Das wahre Leben

ep. VIII,38　　　　　　　　　　　　　　　　　　　　　　　　　　　　　　　　　　　　C

Nescio quid de te non belle, Dento, fateris, | nescio quid: ich will mir echt nicht ausmalen, was/ducere: heiraten [als
coniuge qui ductā iura paterna petis. | Mann]/paternus: väterlich/supplex: demütig bittend/lassare: langweilen
Sed iam supplicibus dominum lassare libellis |
desine et in patriam serus ab urbe redi: | serus: hier: endlich
Nam dum tu longe desertā uxore diuque |
tres quaeris natos, quattuor invenies. | natus: Kind

ep. VIII,38　　　　　　　　　　　　　　　　　　　　　　　　　　　　　　　　　　　　B

Nescio, | nescio quid: ich will mir echt nicht ausmalen, was
　　quid de te non belle fateris, Dento,
　　　　qui
　　　　　　coniuge ductā | ducere: heiraten [als Mann]
　　　　　　iura paterna petis. | paternus: väterlich
Sed iam desine dominum supplicibus libellis lassare | supplex: demütig bittend/lassare: langweilen
et redi in patriam serus ab urbe: | serus: hier: endlich
Nam,
　　dum tu
　　　　uxore longe diuque desertā
　　　　tres natos quaeris, | natus: Kind
quattuor [natos] invenies.

ep. VIII,38　　　　　　　　　　　　　　　　　　　　　　　　　　　　　　　　　　　　A

_____, was du _____ nicht total toll, Dento, _____, der du nach der Heirat die Vaterschaftsrechte _____. Aber hör' endlich auf, mit Bittschriften _____ zu langweilen und _____ endlich _____:
Denn _____ du drei Kinder _____, da du _____ deine Frau _____, wirst du _____.

Für alle:
1. Markiere alle Adjektive und deren Bezugswörter.
2. Markiere zwei Ablativi absoluti und wähle eine treffende Sinnrichtung für die Übersetzung.
3. Stelle alle Ausdrücke zusammen, die Trennung und Distanz markieren.
4. Markiere zwei Synonympaare und ein Antonympaar.

Interpretation
Stufe A:
1. Arbeite heraus, inwiefern sich Martial über seine Zeitgenossen lustig macht, und zeige auf, welche gesellschaftlichen Missstände hier direkt und indirekt anklingen.
2. Erkläre die Pointe des Gedichts.

Stufe B:
Bearbeite A und zeige zusätzlich, wie die Stilistik die Kritik unterstützt.

Stufe C:
Bearbeite B und stelle Bezüge zu den Epigrammen zum Thema »Cool bleiben« her.

Hic et Nunc!
Wähle eine der drei folgenden Aufgaben aus und bearbeite sie. Je ein Ergebnis zu jeder Aufgabe wird anschließend der ganzen Lerngruppe vorgestellt und diskutiert.
1. Es wird immer wieder kritisiert, dass Deutschland sehr viel Geld investiert, um Anreize für Familien zu schaffen, die Geburtenrate aber dennoch gering ist und immer weiter sinkt. Informiere dich darüber, welche staatlichen Leistungen es in verschiedenen Ländern für Familien gibt und wie hoch die Geburtenrate dort jeweils ist.
2. Diskutiert in der Klasse die Frage, ob solche Leistungen sinnvoll sind, welche Alternativen denkbar wären und was Menschen dazu bewegt bzw. davon abhält, eine Familie zu gründen. Erhebt eine Klassenstatistik: Wer hat wie viele Geschwister? Interviewt eure Eltern und Großeltern, kinderlose und kinderreiche Eltern, …
3. Beziehe die »Hintergründe« mit ein: Was unterscheidet das Epigramm von anderen literarischen Gattungen? Suche drei deutsche Beispiele für ein Epigramm. Gelten dieselben Kriterien?

Hintergründe: Das Epigramm als literarische Gattung

Die Einteilung der literarischen Gesamtproduktion in Gattungen ist der Versuch, den Außenblick auf Texte zu steuern. Gerade für die moderne Literatur muss dies Versuch bleiben, da sich viele Texte nicht eindeutig einsortieren lassen oder Autoren bewusst versuchen, Gattungsgrenzen einzureißen oder die Notwendigkeit von Gattungen generell zu hinterfragen.

Für die lateinische Literatur bietet sich als zentrales Unterscheidungsmerkmal das Versmaß an, so dass man in Prosa, Dichtung und Dramatik unterscheiden kann.

Letztere ist die älteste Gattung in der lateinischen Literatur, deren Produktion erst nach dem Ende des 1. Punischen Krieges (240 v. Chr.), d. h. erst ca. 500 Jahre nach der sagenhaften Gründung Roms und erst nach Kontakt mit dem griechischen Kulturraum, dessen literarische Vorstellungen übernommen werden, beginnt. Die einzige wirklich römische Gattung ohne griechische Vorlage ist die Satire. Weite Teile der antiken Literatur sind verloren, da ihre Überlieferung vom kontinuierlichen Abschreiben abhängig war, das in den mittelalterlichen Klöstern geschah; abgeschrieben wurde aber nur, was als nützlich, hochwertig, von Interesse und konform mit kirchlicher Auffassung angesehen wurde.

Die *Dramatik*, die dramatische Versmaße verwendet und Texte für die Bühne produziert, erzeugt durch das Zusammenspiel verschiedener Rollen eine nach bestimmten Kriterien aufgebaute Handlung. Sie spaltet sich grundlegend in Tragödie und Komödie; Letztere verwendet feste, oft konträre Stereotypen, z. B. schlauer Sklave und unwissender Herr, strenger Vater und verschwenderischer, leichtlebiger Sohn usw. Charakterextreme werden karikiert; Komik entsteht durch Verwechslungen und Intrigen. Die Tragödie hingegen stellt Konflikte menschlicher Existenz dar, innerhalb derer sich Charaktere in Schuld verstricken und scheitern; Mitleid und Furcht sollen beim Zuschauer geweckt werden, um dessen Seele eben von diesen Affekten zu reinigen.

In der *Prosa* sind für die lateinische Literatur v. a. philosophische Texte, Geschichtsschreibung, Reden und Fachliteratur von Interesse.

In der *Dichtung* war das Epos bei den Römern besonders beliebt, da diese Form des Großgedichts Heldentaten rühmte, insbesondere das römische Weltreich und dessen Größe und Bestimmung. So wurde Vergils *Aeneis* zum römischen Nationalepos. Das Lehrgedicht ist eine weitere bedeutende Großform in Hexametern. Fabel, Epigramm, Elegie, Bukolik, Satire und Lyrik sind kleinere Formen der Dichtung.

Martial ist berühmt für seine über 1500 Epigramme, kurze Gedichte, deren ursprüngliche Funktion die einer Grab-, Tempel- oder sonstigen Aufschrift (griech. *epigramma* = Aufschrift) war, was ihre Kürze erklärt. Besonders deutlich wird dies am XIII. und XIV. Buch seiner Epigramme, den *Xenia* und den *Apophoreta*, Distichen als Aufschriften auf Weihe- und Gastgeschenken anlässlich des Saturnalienfestes. Sein Erstling, das Buch *De spectaculis*, beschäftigt sich mit den Darbietungen im neu eröffneten Kolosseum. Sein Hauptwerk, die ersten zwölf Bücher der Epigramme, bedienen ein breites Themenfeld, dem nichts Menschliches fremd ist. Mit wachem Auge beobachtet Martial das Treiben der Menschen in der Großstadt, das er mit scharfer Zunge dokumentiert. So entsteht ein Sittengemälde der damaligen Alltagswelt. Er spottet über bestimmte Typen, durchschaut menschliche Charakterfehler und Maroten wie z. B. Geiz, Koketterie, Scheinheiligkeit usw., nimmt Berufe wie Ärzte, Totengräber und Barbiere unter die Lupe, widmet sich ausgiebig Erotik und Sexualität. Oft weitet er seine satirischen Betrachtungen aber auch zu philosophischen: über das Leben und den Menschen, das Glück und das Laster. Sein Grundsatz lautet dabei stets: *parcere personis, dicere de vitiis*. Martial will zwar offen über menschliche Laster sprechen, dabei aber keine Namen nennen; das war in Zeiten kaiserlicher Zensur wohl auch besser für ihn.

20. Das Epigramm – Menschliches, Allzumenschliches

ep. I,47   A

Nuper erat medicus, nunc est vispillo Diaulus:

Quod vispillo facit, fecerat et medicus.   vispillo/medicus: prädikativ

ep. XII,89   A

Quod lanā caput alligas, Charine,

non aures tibi, sed dolent capilli.

ep. II,20   A

Carmina Paulus emit, recitat sua carmina Paulus.

Nam quod emas, possis iure vocare tuum.

ep. IV,24   A

Omnes, quas habuit, Fabiane, Lycoris amicas

extulit: Uxori fiat amica meae.   fiat: er/sie/es soll werden

ep. V,43   A

Thais habet nigros, niveos Laecania dentes.

Quae ratio est? Emptos haec habet, illa suos.

ep. IV,65   A

Oculo Philaenis semper altero plorat.

Quo fiat istud, quaeritis, modo? Lusca est.

ep. XI,83   A

Nemo habitat gratis nisi dives et orbus apud te.   nemo nisi…: nur der…

Nemo domum pluris, Sosibiane, locat.   pluris: teurer

ep. V,81   A

Semper pauper eris, si pauper es, Aemiliane.

Dantur opes nullis nunc nisi divitibus.   nullis nisi: nur den…

ep. VIII,74 A

Oplomachus nunc es, fueras opthalmicus ante.

Fecisti medicus, quod facis oplomachus.   medicus/oplomachus: prädikativ

ep. I,91 B

Cum tua non edas, carpis mea carmina, Laeli.

Carpere vel noli nostra vel ede tua.

ep. II,25 B

Das numquam, semper promittis, Galla, roganti:

Si semper fallis, iam rogo, Galla: Nega.

ep. IV,85 B

Nos bibimus vitro, tu murrā, Pontice. Quare?

Prodat perspicuus ne duo vina calix.   Ordne: Ne perspicuus calix duo vina prodat

ep. I,110 B

Scribere me quereris, Velox, epigrammata longa.

Ipse nihil scribis: Tu breviora facis.

ep. XII,86 B

Triginta tibi sunt pueri totidemque puellae: Dativ +*esse*: besitzen

Una est nec surgit mentula. Quid facies?

ep. V,45 B

Dicis formonsam, dicis te, Bassa, puellam:

Istud quae non est, dicere, Bassa, solet.   istud: bezogen auf *formonsam*

ep. II,80 B

Hostem cum fugeret, se Fannius ipse peremit.

Hic, rogo, non furor est, ne moriare, mori?   moriare: = *moriaris*

ep. II,58 B

Pexatus pulchre rides mea, Zoile, trita.   pexatus: prädikativ

Sunt haec trita quidem, Zoile, sed mea sunt.

ep. XII,33   B

Ut pueros emeret, Labienus vendidit hortos.

Nil nisi ficetum nunc Labienus habet.   nil nisi: nichts als

ep. VII,77   B

Exigis, ut nostros donem tibi, Tucca, libellos.

Non faciam, nam vis vendere, non legere.

ep. VII,83   B

Eutrapelus tonsor dum circuit ora Luperci   Eutrapelus/Lupercus: [Eigennamen]

expingitque genas, altera barba subit.

ep. XI,97   B

Unā nocte quater possum: sed quattuor annis

si possum, peream, te, Telesilla, semel.

ep. IX,15   B

Inscripsit tumulis septem scelerata virorum

se fecisse Chloe. Quid pote simplicius?   quid pote: Was kann … sein

ep. IX,78   B

Funera post septem nupsit tibi Galla virorum,

Picentine: Sequi vult, puto, Galla viros.

ep. III,61   B

Esse nihil dicis, quidquid petis, inprobe Cinna:

Si nil, Cinna, petis, nil tibi, Cinna, nego.

ep. X,43   B

Septima iam, Phileros, tibi conditur uxor in agro.

Plus nulli, Phileros, quam tibi, reddit ager.   nulli: Dativ zu *nullus*/reddere: einbringen

ep. XI,67   B

Nil mihi das vivus; dicis post fata daturum.   post fata: nach dem Tod

Si non es stultus, scis, Maro, quid cupiam.

ep. IV,12

Nulli, Thai, negas; sed si te non pudet istud,

hoc saltem pudeat, Thai: negare nihil.

nulli: Dativ zu nullus

ep. X,16

Dotatae uxori cor harundine fixit acutā,

sed dum ludit Aper – ludere novit Aper.

ep. XII,23

Dentibus atque comis – nec te pudet – uteris emptis.

Quid facies oculo, Laelia? Non emitur!

uteris: zu uti

ep. XII,80

Ne laudet dignos, laudat Callistratus omnes.

Cui malus est nemo, quis [ei] bonus esse potest?

ep. II,21

Basia das aliis, aliis das, Postume, dextram.

Dicis: »Utrum mavis? Elige!« – Malo manum!

ep. VI,79

Tristis es et felix. Sciat hoc Fortuna, caveto:

Ingratum dicet te, Lupe, si scierit.

sciat: sollte wissen/caveto: Imp.II zu cavere

ep. I,75

Dimidium donare Lino quam credere totum

qui mavolt, mavolt perdere dimidium.

mavolt: = mavult

Für alle:
1. Schlage in einem Wörterbuch den Begriff *vitium* nach und erkläre dessen Bedeutungsvielfalt.
2. Übersetzt arbeitsteilig mit Hilfe des Wörterbuchs die Epigramme. Erklärt, über welches *vitium* Martial jeweils spricht, und ordnet sie nach Kategorien.
3. Belegt in eurer Gruppe, dass hier Epigramme vorliegen.
4. Überprüft eure Hypothesen zur Gattung Epigramm. Versucht, weitere Gattungsmerkmale zu finden, anhand derer man Epigramme erkennen kann. Achtet auf Struktur und Aufbau, Wiederholungen, Namen, häufige Formen usw.

Interpretation
Stufe A:
1. Überprüfe deine Hypothesen zur Gattung Epigramm.
2. Versuche, weitere Gattungsmerkmale zu finden, anhand derer man Epigramme erkennen kann.
3. Achte auf Struktur und Aufbau, Wiederholungen, Namen, häufige Formen usw.

Stufe B:
Bearbeite A und belege deine Hypothesen an zwei ausgewählten Epigrammen.

Stufe C:
Bearbeite B und stelle Bezüge zu den Epigrammen zum Thema »Cool bleiben« her.

Hic et Nunc!
Wähle eine der drei folgenden Aufgaben aus und bearbeite sie. Je ein Ergebnis zu jeder Aufgabe wird anschließend der ganzen Lerngruppe vorgestellt und diskutiert.
1. Um die menschliche Persönlichkeit in ihrer Vielfalt beschreiben und kategorisieren zu können, hat man seit jeher verschiedene Modelle vorgeschlagen. Sammelt Beispiele und diskutiert diese.
2. Was ist der Mensch? Entwickelt eine Mindmap zu diesem Begriff.
3. Beziehe die »Hintergründe« mit ein: Verfasse eine Stellungnahme, wie man auf verschiedene Heils- und Sinnangebote aus dem Bereich der Esoterik reagieren sollte. Stelle hierzu eine Kriterienliste auf, was man als Esoterik, Aberglaube usw. verwerfen sollte und was man ernstnehmen darf.

Hintergründe: Der Mensch

Was ist der Mensch? Laut Kant ist dies eine der Grundfragen der Philosophie: Noch immer ist der Mensch sich selbst ein Rätsel. Und so versuchen Denker seit allen Zeiten, einerseits den Menschen vertikal abzugrenzen vom Tier bzw. von der Gottheit, andererseits horizontal das Individuum in Abgrenzung zum Mitmenschen zu erfassen.

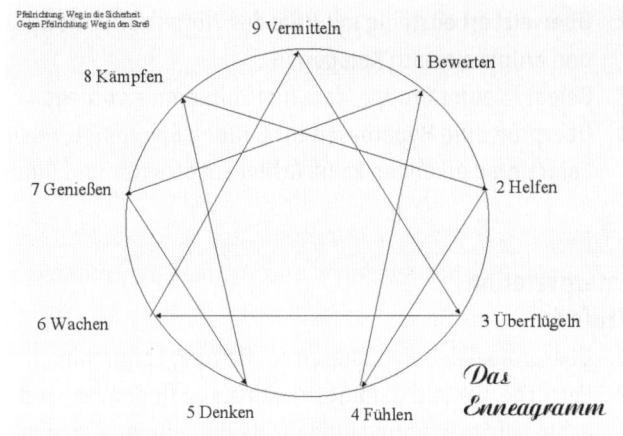

Dabei können verschiedene Kriterien angesetzt werden, um Unterscheidungen zum Nicht-Menschlichen vorzunehmen, z. B. die Vernunft, die Sprache, das ethische Bewusstsein, die Willensfreiheit usw.; diese werden in der Anthropologie in lateinischen Bezeichnungen notiert, z. B. *homo creator* oder *homo faber* (nur der Mensch kann schöpferisch, erfinderisch und handwerklich tätig sein), *homo metaphysicus* (nur der Mensch kann Transzendenz erfahren). Religionen und Naturwissenschaft diskutieren seither, ob dem Menschen nun auf Grund solcher Eigenschaften eine Sonderstellung in der Natur zukommt oder ob er wie alle anderen Lebewesen ein Produkt der Evolution ist.

Ebenso versuchen Psychologie, Esoterik, Astrologie wissenschaftlich wie populärwissenschaftlich, den Wesenskern des einzelnen Menschen zu ergründen, um das Individuum in seiner Persönlichkeit von anderen zu unterscheiden. Schon die Antike bemüht sich um solche Typenkunde, z. B. Theophrast, der ausgehend von menschlichem Fehlverhalten verschiedene Charaktere, etwa den Geizigen oder Gefallsüchtigen, charakterisiert. Die Astrologie versucht, den Tierkreiszeichen typische Eigenschaften zuzuschreiben.

Ein bekanntes und viel diskutiertes Modell ist das Enneagramm, das die Menschen in Typen einteilt. Innerhalb seines Typs kann sich jeder Mensch entwickeln – zum positiven wie zum negativen Extrem, z. B. kann sich ein Verhalten, das das Wohl des Anderen sieht, hin zu Liebe und Großzügigkeit, oder hin zu Kontrolle und Bevormundung entwickeln.

Ein Abschlussprojekt

Wähle eines der drei folgenden Projekte aus und bearbeite es. Ihr könnt (außer bei Projekt 2) einzeln, in Partnerarbeit oder in Kleingruppen arbeiten. Je ein Projekt zu jeder Aufgabe wird anschließend der ganzen Lerngruppe vorgestellt und diskutiert.

1. Immer wieder kommen wir in Situationen, in denen wir mit Menschen über Menschen sprechen bzw. an Menschen über Menschen schreiben; über uns selbst, über den Adressaten, über Dritte. Es müssen nicht immer nur Texte sein, auch Bilder können Persönlichkeitsrechte berühren,.
   Sammle solche Situationen und überlege dir Grundregeln zum Umgang mit Persönlichkeitsrechten. Berücksichtige folgende Aspekte:
   - Wann veröffentlichen wir Bilder von oder Aussagen über andere Menschen?
   - Wann nennen wir (eigene und fremde) Namen, wann nicht?
   - Welche Absichten verfolgen wir?
   - Inwiefern trifft uns die Reaktion des anderen?
   - Welche rechtlichen Bestimmungen sind zu beachten?
   - Wie sollen andere mit unseren eigenen Persönlichkeitsrechten umgehen?
   - Gibt es ein öffentliches Interesse an Namen?
   - Ist es ein Grundrecht, einen Namen zu führen?

2. *Nosce te ipsum* – Erkenne dich selbst! Das stand als Inschrift über dem Orakel von Delphi.
   - Kennst du dich selbst? Was macht dich aus? Was macht dich unersetzlich? Was macht dich einzigartig?
   - Kannst du mit Kritik umgehen? Bist du selbstkritisch?
   - Erstelle ein Selbstbild von dir, indem du ein Bild von dir in die Mitte einer Seite malst/klebst und ringsherum Stärken/Schwächen/Eigenschaften/… notierst!

3. *Quid proderit, quid iuvat:* Wozu Latein? Erstelle einen Kriterienkatalog für guten Lateinunterricht im 21. Jahrhundert! Gestaltet einen Flyer für eure Schule, in dem ihr das Fach darstellt.

4. Wozu Literatur? Wozu Lesen? Einerseits stehen bei Jugendlichen Bücher, andererseits aber auch Computer, Fernsehen usw. hoch im Kurs.
   - Informiert euch über aktuelle Studien und startet selbst eine Umfrage zum Thema. Entwickelt Diagnoseinstrumente und Leitfragen. Präsentiert eure Ergebnisse.
   - Entwickelt Kriterien für gute und schlechte Literatur.
   - Entwerft eine Kampagne, um Jugendliche für Martial zu begeistern – vielleicht durch eine eigene Jugendausgabe mit modernen Übersetzungen, Illustrationen, …

Martial – Person und Werk

Die wenigen Informationen über Martials Leben sind fast ausschließlich seinen Texten zu entnehmen und mit entsprechender Vorsicht zu genießen. Einzig Plinius schreibt nach Martials Tod über ihn und beschreibt ihn als geistreich, talentiert und temperamentvoll (Plinius ep. III,31).

Dabei entfaltet sich folgendes Bild: Geboren wurde Martial ca. 40 n. Chr. (vgl. ep. X,24 zu seinem 57. Geburtstag; das zehnte Buch erschien erstmals 95 n. Chr., in zweiter Auflage 98 n. Chr.) in Bilbilis, einer unbedeutenden Kleinstadt im Norden Spaniens, die er mehrfach lobend erwähnt (z. B. ep. I,49; X,103). Er genoss eine gute Schulbildung und kam nach 60 n. Chr. nach Rom, um sein Studium fortzusetzen. Das lag ihm jedoch nicht, er wollte lieber als Schriftsteller wirken, der Rhetorik und der Karriere als Anwalt entsagt er (vgl. ep. II,90): Viel wichtiger als Karriere und Wohlstand ist ihm die Fülle des Lebens, das er genießen will. Seine Lebenseinstellung, seinen Traum des einfachen, bescheidenen, aber gesicherten Lebens, stellt er mehrfach in seinen Gedichten heraus. Gleichwohl muss er in Rom zunächst ein ärmliches Leben führen, denn Literatur ist dort eine brotlose Kunst, selbst wenn man berühmt ist (vgl. ep. V,13). So lernt er zunächst das Leben der armen Leute in den Mietskasernen kennen, von denen er zu singen weiß, schließlich muss er in einer dreckigen Wohnung auf dem Quirinal leben; er kann aber Anschluss bei den wichtigsten Leuten seiner Zeit und auch am Kaiserhof finden, wo es reiche Gönner gibt, die ihm alsbald ein kleines Stadthaus und ein kleines Landgut bei Nomentum schenken (vgl. z. B. ep. I,117; V,22; IX,97; XII,57).

Der Dichter wird sein gesamtes Leben auf Gönner angewiesen bleiben; insbesondere kann er die Gunst der Kaiser Titus und Domitian gewinnen, die ihm, dem (wahrscheinlich) kinderlosen Junggesellen (vgl. ep. II,91 f.) das Dreikinderrecht verleihen und ihn in den Ritterstand erheben – vermutlich ohne dass er das Mindestvermögen hierfür besessen hätte (vgl. z. B. ep. IX,97). In zahlreichen Gedichten huldigt er ihnen und biedert sich an, nicht ohne in seinen Gedichten das System des Klientelwesens immer wieder zu kritisieren. Er mag im Dunstkreis des Herrscherhauses zu bescheidenem Wohlstand gekommen sein, es lässt sich daher nur schwer beurteilen, wie viel von Martials Berichten über seine Armut Wahrheit oder Koketterie mit dem Bild des viel gerühmten, aber armen Bettelpoeten ist: Der bittet um einen neuen Mantel und ein Scheffel Bohnen und Mehl, ist gleichwohl aber stolz, Ritter zu sein und Sklaven und Sekretäre zu besitzen (vgl. z. B. ep. I,88; I,101; V,13; X,15; XI,24): Das Betonen der eigenen Armut bzw. die Verteufelung des Reichtums bei gleichzeitigem Besitz mag zu den Allgemeinplätzen damaliger Autoren gehört haben (vgl. Catull, Seneca).

Bei den Lesern beliebt war Martial mit Sicherheit (vgl. ep. VI,60), beim Volk wie bei angesehenen Literaten der Zeit; viele davon unterstützten ihn. Hatte er schon früh Gedichte verfasst, so wird er ab dem Jahr 80 n. Chr. mit seinem Buch *de spectaculis*, das anlässlich der Eröffnung des Kolosseums erschien und auch ein Lobpreis des Kaisers Titus war, literarisch fassbar. Kaiser Domitian, dem er ebenso huldigte, wurde 96 n. Chr. gestürzt und der *damnatio memoriae* anheimgestellt, d. h. dem staatlich verordneten Vergessen. Seine Huldigungen nahm man Martial nun wohl übel, auch die jetzt immer öfter versteckt geäußerte Kritik am Kaiser nutzte da nichts, bei den Nachfolgern konnte er kein Land mehr gewinnen. So zog er zurück in seine Heimat; die Reise bezahlte Plinius (Plinius ep. III,21), ein Landhaus eine reiche Gönnerin (ep. XII,31). Er wirkte kaum noch literarisch (vgl. Begleitbrief an Priscus zum XII. Buch) und kehrte nie nach Rom zurück. Martial lebte in seiner Heimat zurückgezogen und starb ca. 104 n. Chr.

Quellen

S. 9 Dieter Leisegang, in: Lauter letzte Worte. Gedichte und Miniaturen. Hg. von Karl Corino, Suhrkamp, Frankfurt/Main 1980, 110

S. 13 Altersaufbau der Bevölkerung in Deutschland 2011, Statistisches Bundesamt, Wiesbaden, 2014

S. 17 Kohelet 3,1–13, Lutherbibel, revidierter Text 1984, durchgesehene Ausgabe, © 1999 Deutsche Bibelgesellschaft, Stuttgart

S. 24 Max Frisch: Fragebogen, © Suhrkamp Verlag, Frankfurt/Main 1998, 81–85

S. 25 Alejandro Schneider: Mammon, 1898 (In the New Testament of the Bible, is material wealth or greed, most often personified as a deity. Engraving), © PRISMA ARCHIVO/Alamy

S. 28 Hirn auf Laufband – © fabioberti.it – fotolia

S. 34 Harry C. Schnur, Martial. Epigramme. © Reclam Verlag, Stuttgart 1984, S. 106

S. 35 Walter Hofmann, Martial. Epigramme. Von Dirnen, Gaunern, Gladiatoren. © Insel Verlag, Frankfurt/Main; Leipzig 2000, S. 470

S. 38 Quelle: Deutsches Studentenwerk, © Statista 2015;
http://de.statista.com/statistik/daten/studie/155540/umfrage/soziale-herkunft-der-studierenden-in-deutschland-seit-1982/

S. 43 Köpenicker Cartoon Gesellschaft, © POLO

S. 51 Europäischer Gerichtshof für Menschenrechte, CC Statista, 2013

S. 59 Mosaic scene from Homer's Odyssey in Bardo Museum, Tunisia © Fotokon – fotolia

S. 63 Niklas Holzberg, Martial und das antike Epigramm, Darmstadt 2002, 76

S. 74 Scorpion, Holzschnitt, 18. Jahrhundert, © akg-images

Kompetenzorientierte klassische Lektüre

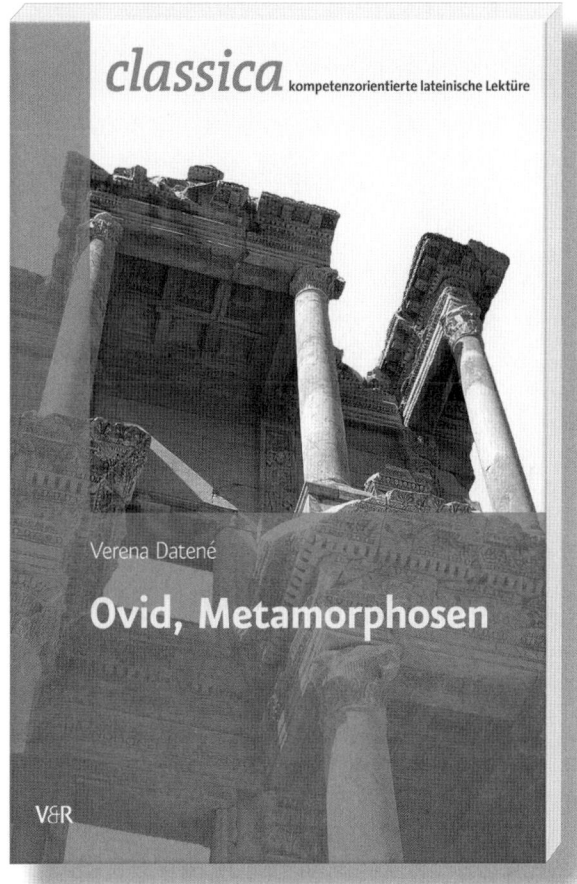

Verena Datené
Ovid, Metamorphosen
classica Band 8

2015. 96 Seiten, kartoniert
ISBN 978-3-525-71104-0

Die Ausgabe enthält den Weltentstehungsmythos sowie viele bekannte Stoffe, die Grundlage zahlreicher Werke der Weltliteratur wurden und die jede Schülerin und jeder Schüler kennen sollte: z.B. die Geschichte von Apollo und Daphne, Narcissus und Echo, Daedalus und Ikarus, Orpheus und Eurydike oder Pygmalion.

Ovid erweist sich als Kenner der menschlichen Seele, der seine Figuren mit viel Fingerspitzengefühl zeichnet. Zeitlose gültige Themen wie Liebe und Hybris regen zur Auseinandersetzung und zum Vergleich mit der eigenen Lebenswelt an.

Verlagsgruppe Vandenhoeck & Ruprecht | V&R unipress

www.v-r.de

Lateinischer Sprachunterricht intuitiv

Ulrike Bethlehem

**Latine loqui:
gehört - gesprochen - gelernt**
Kopiervorlagen zur Grammatikeinführung

2015. 80 Seiten, kartoniert
ISBN 978-3-525-71105-7

eBook: 978-3-647-71105-8

Wie lernen wir Sprache? – Durch Zuhören und Nachahmen, durch Sprechen und Handeln.

Aus dem Muttersprachenerwerb entlehnt, hat dieses Prinzip längst einen angestammten Platz in den modernen Fremdsprachen. Höchste Zeit, es sich auch im Lateinunterricht zunutze zu machen:

Das hier gesammelte Material bietet neben einem Drehbuch zur Einführung neuer Grammatik mit Tipps und Variationsmöglichkeiten eine Vielzahl von Kopiervorlagen für Bildfolien, Arbeitsblätter, sowie Tandemkarten zur Übung und Festigung.

Verlagsgruppe Vandenhoeck & Ruprecht | V&R unipress

www.v-r.de